全国交通中等职业技术学校通用教材

Gongguan Liyi Yu Xingti Xunlian

公关礼仪与形体训练

（汽车商务专业用）

张自平　主编

朱小茹　主审

人民交通出版社

内 容 提 要

本书编写的宗旨是通过公关礼仪知识的学习和形体的训练，培养学生良好的气质、风度和礼仪修养，规范社交行为，使其在社会交往中的一言一行、一举一动、一颦一笑均能够中规中矩、彬彬有礼；更好地运用礼仪，达到交往的成功，使人际关系和谐有序。

本书共分四章，主要内容包括公共关系概论、礼仪概论、公关礼仪和形体训练。其特点是文字简练、图文并茂，具有可读性、应用性和操作性。

本书适合作为技工学校、中等专业学校教学、培训教材，也可供社会其他人士使用和参考。

图书在版编目（CIP）数据

公关礼仪与形体训练/张自平主编. —北京：人民交通出版社，2004.9（重印2007.7）

ISBN 978-7-114-05187-6

Ⅰ.公... Ⅱ.张... Ⅲ.①公共关系学－礼仪－基本知识②形体训练－基本知识 Ⅳ.①C912.3②G831.3

中国版本图书馆CIP数据核字（2004）第083940号

全国交通中等职业技术学校通用教材

书　　名：公关礼仪与形体训练（汽车商务专业用）
著 作 者：张自平
责任编辑：李　斌
出版发行：人民交通出版社
地　　址：（100011）北京市朝阳区安定门外外馆斜街3号
网　　址：http://www.ccpress.com.cn
销售电话：（010）59757969，59757973
总 经 销：人民交通出版社发行部
经　　销：各地新华书店
印　　刷：北京市密东印刷有限公司
开　　本：787×1092　1/16
印　　张：10
字　　数：241千
版　　次：2004年9月　第1版
印　　次：2010年8月　第4次印刷
书　　号：ISBN 978-7-114-05187-6
印　　数：8001～10000册
定　　价：20.00元

交通技工学校汽车专业教材编审委员会

前言

近年来我国汽车工业发展很快,轿车已经进入家庭,轿车销售数量不断增加,而汽车商务人才却很奇缺。为满足汽车销售市场需要,各校都已开设汽车商务专业,报考汽车商务专业的学生逐年增加。为此,交通技工学校汽车专业教材编审委员会组织编写了适用汽车商务专业教学使用的《商务实用语文》、《汽车商务英语》、《汽车商务》、《现代汽车推介》、《市场营销》、《公关礼仪与形体训练》、《机械常识》、《理财知识》,以及与之相配套的《习题集及习题集解》。本套教材具有以下特点:

1. 知识面广:教材内容涉及汽车营销、售后服务等方面的知识,全面介绍和讲解了汽车的使用性能及各项指标,便于顾客依此选购汽车。

2. 便于模块式教学:教材编写模式以能力培养为主,适于模块式和模拟教学方法,可以提高教学效果,学生毕业时即具备了汽车营销推介的能力。

3. 教材编排以图代文,图文并茂,通俗易懂;教材插图数量增多,并采用了实物立体图和解体图,文字叙述流畅,便于学生自学掌握。

本教材为《公关礼仪与形体训练》,由陕西交通技术学院张自平主编,编写人员分工如下:第一章、第二章由张自平编写;第三章由广州市交通技工学校陈小红编写;第四章由广东省交通高级技工学校张飞胜编写。广东省交通高级技工学校朱小茹主审。

本教材在编写过程中,参考了国内部分教科书及专著,同时也得到同行教师的帮助,在此向他们表示诚挚的感谢。

限于作者的水平和经验,加之这种教材编写模式也是一种新的尝试,书中难免有不妥或错误之处,恳请读者和同行批评指正。

交通技工学校汽车专业教材编审委员会

2004年6月

目录

第一章　公共关系概论

公共关系是商品经济高度发展的产物，是社会文明的重要标志。公共关系学是一门新兴的综合性学科，诞生于20世纪初的美国，伴随着政治民主化进程、商品经济的繁荣和现代传播技术的巨大进步而迅速发展起来，已广泛应用于现代社会政治、经济、科学、文化等各个领域，并发挥着独特的作用。20世纪80年代以来，随着我国改革开放和经济的发展，公共关系日益受到企业界和学术界的重视，并迅速在全国传播。

在我国发展社会主义市场经济，全面建设小康社会的过程中，正确地开展公共关系活动，将有助于我国企业整体素质的提高和树立现代化企业的良好形象，从而增强企业的活力，进一步促进我国的经济建设。本章主要讲述公共关系基本理论和公关实务，使大家对公共关系有一个概括性的了解，以便于今后的学习和工作。

第一节　公共关系的含义及要素

一、公共关系的含义

公共关系是英文Public Relations的意译，简称“公关”。Public Relations可缩写为P.R.或PR。Public在英文中有两个含义，可分别译为“公共的”和“公众的”。因此，“公共关系”在西方也称“公众关系”。

由于公共关系学是一门新兴的学科，目前，尚没有一个为学术界普遍认可的权威性定义。这里先介绍一下国外公共关系学研究者的几种观点：

(1)公共关系是一种管理职能。它具有连续性和计划性特征，通过公立的和私人的组织、机构试图赢得同它们有关的人们的理解、同情和支持——借助舆论的评估，以尽可能妥帖地协调它们自己的政策和作法，依靠有计划广泛的信息传播，赢得更有效的合作，更好地实现它们的共同利益。

这个定义强调了公共关系的管理职能，其活动形式是“有计划的、广泛的信息传播”，结果是“更好地实现它们的共同利益”。

(2)公共关系是社会组织与公众之间一种传播沟通方式，旨在传递有关个人、公司、政府机构或其他组织的信息，并改善公众对其态度的种种政策和行动；是一个组织为了达到与它的公众之间相互了解的确定目标，而有计划地采用一切向内和向外的传播方式的总和。

这个定义强调的是公共关系的手段，认为公共关系不能离开传播沟通。

(3)公共关系是一种社会关系。公共关系的实施是一种积极的、有计划的以及持久的努力，以建立维护一个机构与公众之间的相互了解，是人们所从事的各种活动、所发生的各种关系的总称，这些活动与关系都是公众性的，并且都有社会意义。

近年来，我国公共关系研究者也提出了一些具有我国特点的公共关系定义。

上海复旦大学居延安在《公共关系导论》中对公共关系的定义是：“公共关系是一个社会组

织用传播的手段使自己与公众相互了解和相互适应的一种活动职能”。

张映红在《公共关系学教程》中说，公共关系是一种特殊的管理职能，信息传播是公共关系工作的重要手段，塑造优秀的企业形象是公共关系的最终目标。企业通过有效的管理和双向的信息沟通，建立并保持与其公众之间的交流、理解、支持与合作，谋求企业与公众双方利益得以实现。

此外，公共关系的定义还有诸如公共关系是艺术；公共关系是科学等。

那么，什么是公共关系呢？

要正确地理解公共关系的含义，还需要从两个方面加深认识。首先，要认识到公共关系是社会组织与公众之间客观存在的一种社会关系现象。一个组织跟其他社会组织和群体之间存在着各种各样的关系，这种关系是客观存在的，其表现为亲近或疏远，融洽或紧张，合作或对抗。任何组织从表面上看都是独立的，而事实上由于工作的联系、业务的合作、信息的交往，把各自的组织联系在一起，编织成一个千丝万缕的无形的社会公共关系网络。因此，任何一个组织客观上都处在一定的社会公共关系状态中，只有“自觉或不自觉的公共关系状态”、“良好或不好的公共关系状态”的差别。其次，公共关系是一种社会活动，是一个组织与社会之间有意识、有目的的行动。即组织为创造良好的社会关系环境和社会舆论环境，争取公众的理解、信任、认同和支持，树立良好的组织形象，积极开展一系列交流、沟通、协调和传播活动，以使组织的公共关系状态不断地向好的方向发展。因而，公共关系活动形成了“自觉的公共关系状态”、“自发的公共关系状态”，“良好的公共关系状态”。

通过对以上观点和公共关系状态的分析，可以给出这样一个定义：公共关系是一门管理科学，它是组织为实现特定的目的，通过科学的传播媒体，加强与公众的双向信息交流，协调好各方面的关系，塑造组织的美好形象，使组织与公众相互了解、相互适应和相互支持的一种策略行动。

二、公共关系的要素

从公共关系的定义可以看出，公共关系是社会组织与公众之间的关系，这种关系是通过信息传播过程中实现的。任何一项公共关系活动都是由社会组织、公众、传播三个要素构成，三者相辅相成，缺一不可。搞清楚公共关系的构成要素，对于我们有效地开展公关活动具有重要意义。

（一）社会组织

社会组织是公共关系的主体，是为达到某种共同的目标或目的，对人员进行分工，使之发挥不同的功能，并利用不同的权力和职责而合理地协调群体活动的社会实体。社会组织具有以下特点：

(1)目标的一致性。任何一个社会组织必定有一个统一的组织目标，不同的组织在追求自身的目标中，实现着自己的价值。如工厂生产更多更好的产品，以满足人民群众日益增长的物质需要；学校培养更多的优秀人才，满足各行各业对人才的需求；交通公路建设部门修建出安全、快捷、通畅的公路，为人们出行和商品流通提供方便。

组织的目标与组织内部成员的目标是相同的，也与整个社会的目标相一致。组织在追求自身经济利益目标时，必须把社会效益、公众效益有机地结合起来。

(2)分工的明确性。组织内部有领导者、管理者、生产者及后勤保障等，他们承担着不同的工作，有着明确的角色分工，而组织目标的统一性使得他们结成了共同的行动系统。

(3)稳定性与变动性的统一。社会组织是存在于一定的社会环境与条件中,在一定的条件下,社会组织呈现出稳定性。因为没有这种稳定性,就不能很好地发展。同时,社会组织也应随社会环境和条件的变化,不断调整自身的目标,使组织形象推陈出新,更加适应社会的发展。

社会组织是一个广义的概念,为了便于我们进一步了解社会组织职能和作用,依据组织的性质及工作内容可划分为:

行政管理性组织:主要指政府以及政府的各个职能部门。这类组织主要是向社会及其他组织和公众提供安全的社会保障、优质的服务。它所开展的公共关系活动,有利于树立政府的良好形象,从而使公众拥护、理解和支持政府,完成其职责。

生产经营性组织:主要指各类企业、经济组织。这类组织的主要目标是提高经济效益,其公共关系活动是为了塑造一个良好的企业形象,扩大与外界的交流,求得社会公众的信任、理解和支持。

服务性组织:主要指学校、医院、宾馆、运输等为社会服务的机构。这类组织主要是为社会提供优质的服务,通过开展公共关系活动以扩大社会知名度,提高社会美誉度,赢得公众的认可。

(二)公众

公众是指与公关主体发生联系及相互作用的组织和个人的总和。

公众具有这几层含义:公众是社会群众;作为公众的社会群体必须与公关主体——社会组织发生相互联系、作用;社会群体成员之间面临共同问题、共同利益和共同要求。公众具有以下特征:

(1)群体性。任何一个组织所面对的对象都不是单一的,而是涉及面比较广泛的公众群体。如一个企业,既有内部职工,又有外部的社会公众;不仅包括市场上的顾客、销售商,还包括社区、政府、新闻界、文化界等有关的团体、组织和个人。公共关系工作不可只注意其中一类公众,而忽略其他公众。对其中任何一种公众的疏忽,都可能导致整个公众环境的恶化。

(2)同质性。当某一群人或某些社会团体因为某种共同性而发生内在联系时,便成为一类公众。这种共同性即相互之间的某种共同点,比如共同的利益、共同的需求、共同的兴趣等,这些共同点使一群人或一些团体具有相同或类似的态度,构成组织所面临的一类公众。例如,有一部分消费者从某汽车销售公司购买同一种汽车,那么这一部分消费者就成为该销售公司和生产厂家的公众,就会因产品质量、价格、售后服务等问题而与销售公司和生产厂家发生利益关系,他们对该品牌汽车的评价,就会在某种程度上影响它的生产和销售。同样,所有经销该品牌的销售公司,也会因某些共同的问题而与厂家发生利益关系。

(3)变化性。组织面对的公众群体始终处于变化之中。作为一个社会群体,公众的构成、数量、态度、行为和作用都不是一成不变的。随着组织自身的发展,组织公共关系工作的深入,公众态度和行为会向积极的方面转化,公众的构成和类型也会发生变化。原来的部分公众可以变成非公众,原来的非公众也可以成为公众;比较重要的公众可以变得不那么重要,原来不那么重要的公众可以变得非常重要;偶尔与组织发生联系的公众可以成为联系频繁的公众,原来联系频繁的公众也可以变成偶尔联系的公众。

为了准确把握面对的公众,我们对其进行如下分类:

按照公众与公关主体的内外关系划分,可以分为内部公众和外部公众。内部公众是指一个社会组织或公关主体内部的所有成员。外部公众是指一个社会组织外部的公关对象,它主要包括与组织相关的协作者、竞争对象、消费群体、政府部门等。

按照公众的重要程度划分,可以分为首要公众、次要公众和边缘公众。首要公众是指对社会组织的生存和发展至关重要的公众。次要公众是指对社会组织的生存和发展有着相当影响,但不是决定性影响的公众。边缘公众是指与社会组织的关系不太密切,只是在某种条件下,才对主体产生一定影响的公众。

按照公众的稳定程度划分，可以分为稳定公众、周期公众和临时公众。稳定公众是指与社会组织保持长期稳定关系的公众，他们是公共关系的主要对象。周期公众是指在一定的条件下，按一定规律与社会组织发生周期性关系的公众，他们在特定的条件下，可能成为公共关系的主要对象。临时公众是指在某些偶然条件下与社会组织发生临时性关系的公众。当某些突发性事件产生或开展专题活动时而形成的临时性公众，也可能对社会组织产生重大影响。

按照公众的态度划分,可以分为顺意公众、逆意公众和中间公众。顺意公众是指对社会组织的政策、行为和产品持支持或赞同态度的公众。逆意公众则正好与之相反。中间公众是指对社会组织持中间态度或态度不太明朗的公众。社会组织的公共关系工作最重要的任务就是要通过多方沟通、协调、影响,转变公众的态度,不断扩大社会组织的顺意公众,减少逆意公众,努力争取中间公众。

按照公众与社会组织关系的现实程度划分,可以分为现在公众、可能性公众和潜在公众。现在公众是指与社会组织关系明确,并且发生实际互动行为的公众。可能性公众是指与社会组织有利益关系但未发生互动行为,经过发展可以成为现在公众的公众。潜在公众是指与社会组织存在着潜在利益的公众。潜在公众是形成可能性公众的基础。

(三)传播

传播是人类交流信息的一种社会行为,是人与人之间、人与他们所属的群体、组织和社会之间,通过有意义的符号所进行的信息传递、接受与反馈的行为的总和。

传播由信源、信息、传播媒介、信道、受传者、反馈等基本要素构成。

信源,即信息发布者,这里指某一具体的社会组织;信息,从公共关系传播角度看是指有新内容、新知识的消息;传播媒介,为信息的物质载体,如实物、语言、文字、图形、电磁波;信道,为信息传递的途径、渠道;受传者,即信息的接受者,这里一般指公众;反馈,即信息被受传者接受之后所作出的一种反应。在传播活动的系统之中,反馈是有效控制和提高传播质量的重要因素。

由于传播本身具有层次性,而从公关目标看,又是一种全方位、多手段的树立组织形象的过程,这就决定了公关传播途径的多样性。其传播的类型有:

(1)人际传播。人际传播是指人与人之间借助于语言为主要媒介的传播形式,如朋友之间、同事之间的思想交流等都属于人际传播。这种传播是人类传播活动中产生最早,用得最广泛、最经常的传播形式,它包括面对面的传播和非面对面的传播。面对面传播(即传播双方在同一空间与时间)最为常见,使用的媒介是语言以及辅助语言的肢体动作、面部表情等;非面对面的传播即传播者与受传者并非在同一空间、时间里,它是借助于电话、信件等媒介进行交流的。人际传播具有以下特点:

①沟通性。人际传播通常是面对面的信息交流与沟通,传播者可以根据对方的姿态、表情、动作等,了解信息发出后对方的反应,依此来检查自己的传播行为和传播效果,以便及时调

整自己的传播行为。

②灵活性。人际传播无论在时间还是地点的选择上,都具有较大的灵活性。茶余饭后、旅途之中都可以用来进行人际传播。

③针对性。人际传播有较强的针对性,传播者必须根据接受者的个性特点、心理特征等多方面的情况,有的放矢地进行传播,才能收到较为理想的效果。

人际传播缺点是传播的范围有限,因而影响面比较小。

(2)群体传播。群体传播是指通过一定的组织形式进行的传播活动,主要有个体公众传播和组织传播。

个体公众传播一般是指传播者以个人身份向相对集中的公众进行传播,如演讲、报告、座谈会等。

组织传播是通过组织所控制的媒介与公众进行的信息传播活动。组织传播面对的是群体或组织,它主要运用组织自控的媒介,如内部刊物、黑板报、文件等。此外,组织传播还可以通过展览、庆典、文体活动等公共关系专题活动进行。

(3)大众传播。大众传播是指职业传播者通过现代传播媒介,向社会大众提供信息的传播形式。其传播媒介主要有:印刷类的大众传播媒介,如报纸、杂志、书籍等;电子类的媒介,如广播、电视、互联网等。大众传播具有以下特点:

①专业性。大众传播的传播者是一些拥有现代化制作技术和载体的机构,如报社、电台、电视台、网站等,其传播主体具备高度的组织化、专业化,传播手段具有现代化、技术化。

②广泛性。大众传播借助于现代科学技术的力量,它的传播范围遍及一个地区、国家,直至国际上众多的地域。传播的信息涉及到政治、经济、文化、生活等各个方面。其显著特点为覆盖面广、速度快、信息量大。

大众传播的缺点是信息反馈不及时,传播主体调整性较差,主客体之间不能进行及时的沟通。

(4)实物传播。实物传播是指社会组织通过自身产品形象向公众进行的信息传播,如产品展销活动,时装表演活动以及商业服务单位向公众推出的各种示范性服务、操作表演等。实物传播具有以下特点:

①直观性。实物传播较之大众传播更具有直观性,它所提供的信息直观可靠,往往比其他形式的传播更能打动公众。

②可比性。实物传播提供的信息看得见、摸得着,可与同类物品进行比较,因而它对公众产生的作用直接而迅速。例如,在产品展览会上,顾客能对是否购买立即作出反馈,且真实可靠。

实物传播的缺点是它难以对物品本身作深层次的信息传播,所以在实践中,人们总是将实物传播与语言、文字、图像等传播方式结合在一起,以取得相得益彰的传播效果。

(5)行为传播。行为传播就是借助人的各种行为动作而进行的信息传播。这种传播比起实物传播更具有直接性、感官性、形象性、主动性。例如,一个组织的领导者,他的言谈举止、服饰,都构成了他对组织形象的行为传播。日本西铁城公司为了展示自己产品的质量,竟然将公司生产的手表从飞机上扔下。这一行动,使公众对该表的质量深信不疑。当然,行为传播也应与文字、语言传播结合起来。

第二节　公共关系的基本原则与职能

一、公共关系的基本原则

公共关系的基本原则，指开展各种公共关系活动时，必须遵循的法度、标准和规矩，对公共关系活动起到引导、规范和约束的作用。

（一）实事求是的原则

实事求是是公共关系活动的生命。遵循实事求是的原则，首先必须尊重客观事实。所谓的客观事实就是社会组织与公众的公共关系状态，它反映了公众对社会组织的联系、理解、信任和支持的程度。这种公共关系状态是客观存在的，不以人们的意志为转移。因此，公共关系活动必须以事实为基础，坚持一切从实际出发，客观地把握真实的公众情况，分析与研究社会组织与公众之间各种矛盾，据此来拟定公共关系活动的工作计划。其次，信息传播是否实事求是、全面公正，同组织的命运息息相关。一条真实、准确、有价值的信息，可使一个濒临破产的企业起死回生。同样，一条虚假的或欺骗性的信息，也可以使企业蒙受重大损失。因此，在开展公共关系活动时，必须坚持客观、公正地传播信息，做到真实、全面、准确、客观，切不可弄虚作假，谎话连篇，迷惑公众。

（二）以公众利益为出发点的原则

公共关系的工作目标，就是促进组织目标的实现。一个组织相对于公众而存在，组织要在公众的支持与合作中发展，如果失去了公众，组织便成了“孤家寡人”。组织要得到公众的信任，必须以平等的地位对待他们，必须在考虑与追求自己利益的全过程中，时时关心着公众的利益，把追求自身经济效益同公众利益有机结合起来。

以公众利益为出发点，把优秀的物质产品、精神产品推给公众。如果一家汽车制造厂生产的产品，合格率只能达到70%，就很难说是对公众负责。关注社会问题，对社会负责同样是组织应重视、关切的问题。例如工厂排放废气、废水引起的环境污染等，它所涉及到的是社区居民甚至是更大范围内群众的健康，以及子孙后代生存的问题。关心与自身行为无关的社会问题，积极参与社区文化、教育、体育、卫生和其他社会公益事业，开展赞助扶持活动，能够充分表现组织的社会责任感和经济实力，有助于树立良好的组织形象。

（三）持久努力的原则

公关活动在时间上表现出长期性、持久性的特征。这是因为：其一，组织的生存与发展，不可能也不愿意停留在一个水平上。如果有哪个组织为自己眼前的硕果而沾沾自喜，不思奋进的话，它注定会被“百舸争流”的局势所淘汰。既然组织的发展表现为历史的过程，那么，公共关系就应伴随其始终。其二，要在社会公众的心目中树立起组织美好的形象是一个综合性的系统工程，仅凭一件事、两件事是难以奏效的。一旦组织的形象真的被确立后，仍要不断地开拓、创新。俗话说，冰冻三尺，非一日之寒，这对于公关来说，不失为至理名言。其三，组织与公众之间良好关系的构筑与形成也非短时间内所能做到的。组织的发展离不开公众的支持，组织需要优化协调人际关系。人是具有情感性的高级动物，要让他们从感情倾向你、接受你，进而支持你，就必须要做持久努力、坚持不懈的工作。如果“平时不烧香，临时抱佛脚”，公众是很难被感动的。

（四）全员公关的原则

一个社会组织公关工作的成功，不仅需要依靠专职公关部门和公关人员的努力，而且有赖于整个组织各个部门和全体员工的努力。全员公关，首先要在组织内部展开公共关系教育，从领导到员工都要把本组织与公众的关系，提高到关系本组织生死存亡、事业成败的高度来认识。把本组织的知名度、美誉度、社会舆论和关系网作为组织无形的资产来看待，帮助广大员工树立起公众意识、沟通意识和合作意识。其次，要做好全员的公共关系配合。公共关系并不是孤立地只靠几个公关人员去做，它必然地要渗透到各个部门，所以每个部门都对组织的公共关系目标负有重要的责任。就企业而言，生产部门的产品质量问题，销售部门的服务态度问题，人事部门的组织协调问题，宣传部门的内外宣传问题，甚至门卫的仪表仪态等，都不同程度地涉及组织整体形象和声誉。所以说，形象的塑造是全体员工共同的责任，良好的公众关系必须通过组织内部所有成员的努力才能得以维持。再次，要注意把公关工作渗透到经营管理中去。一个社会组织在管理活动中，有许多工作都关系到自己的信誉和形象，所以，公共关系工作必须渗透到经营管理的各个方面。因此，一个社会组织成立时，就应大力宣传，让公众知道该组织成立的作用、意义；当组织开展活动时，就要说明组织的宗旨、实力、水平；当组织成立周年时，应该开展纪念活动，并借此进一步宣传其发展的状况、取得的成绩。

二、公共关系的职能

现代公共关系具有重要的管理职能，它是有意识的、有计划的行为，对组织生存、发展有着极为重要的作用。公共关系的职能是多样化的，我们重点介绍四种基本职能。

（一）塑造形象

公共关系的形象，一般指的是社会组织在公众心目中的整体形象，即一个社会组织通过自身的活动向公众展示其本质特征，并进而给公众留下的关于组织整体性和综合性的认识和评价。或者说是公众对这一社会组织的组织管理水平、员工素质、技术创新程度、产品质量、服务状况和社会效益等总体印象、看法和评价。

在现代社会中，衡量组织形象的基本指标是知名度和美誉度。知名度是指公众对组织名称、宗旨、任务、方针、政策、规模等知晓的程度；美誉度是指公众对组织信任与赞许的程度。这两个方面对于组织形象来说是相辅相成、缺一不可的。要塑造良好的组织形象，必须重视组织的知名度和美誉度，应着力抓好影响组织形象的几个因素：

(1)产品形象。即通过组织所生产和经营的产（商）品反映的形象，包括品种、质量、款式、性能、材料、外观、商标、包装等。如海尔集团以海尔洗衣机创立品牌，其系列产品驰名中外，它的海尔品牌所创造的社会效应已与海尔集团紧密联系在一起。

(2)服务形象。即组织为顾客或消费者所提供优良设施和优质服务，包括服务设施和员工的服务态度、职业道德、精神面貌、装束仪表等。特别是服务行业的职工，总是直接接触社会公众，他们的言谈举止、服务态度，直接反映了企业的整体风貌。如交通运输部门提供安全、迅速、舒适、方便的交通工具和优良的服务态度，学校提供完善的教学设施和进行优质的教育教学活动等。

(3)经营形象。即通过组织的经营管理活动所展现的形象。如经营思想、管理水平、劳动效率、财务资信、履行合同的信用、技术开发和市场拓展的业绩以及人事制度、就业条件、职工福利、价格策略、售后服务等。

(4)员工形象。即组织内部的领导者、管理人员、技术人员和全体职工所展现的形象。这是组织形象中最积极、最活跃的因素，包括员工的思想、品德、学识、能力、作风、举止、谈吐、服饰等内容。组织内部的每一个员工，都应将自身的形象看成是组织形象的化身，严格要求自己，塑造良好的个人形象。

(5)环境形象。即通过组织所在空间环境及其设施所展现的形象。包括门面、厂容店貌、招牌、办公室、展览室、会客室、生产场地、环境绿化，以及橱窗、指示牌的设计、装潢等。环境形象构成了现代办公文明、生产文明、商业文明的重要内容。

(6)文化形象。即通过组织的整体文化素质所展现的形象，包括企业精神、道德风尚、价值观念、行为准则、民主作风、历史传统、文化网络以及口号、训诫、厂歌、厂旗、厂服和各种宣传品等，显示着该组织特定的文化氛围。

(7)标识形象。即通过标志和识别系统，帮助公众识别和记忆组织的形象，包括组织名称、品牌、商标、徽记、广告形象、包装设计、主题词、宣传格调等。

(二)收集信息

信息就是消息、情报，即指客观存在的事物通过物质载体发出的信号、指令、数据、资料。公共关系中所说的信息，指的是社会信息。它泛指与人类各种物质文化和日常生活密切相关的信息。

信息的流通是一个前后相连、周而复始的过程，包括信息的收集、处理、传递、反馈、储存、利用等环节，是一个完整的系统工程。对信息的基本要求是准确真实、迅速及时、全面系统、有效实用。

当今社会已进入了“信息时代”。信息的价值已成为现代化经济中不可缺少的功能性和战略性资源。信息是管理的基础，决策的依据，提高效益的保证。管理、决策和提高效益的一个重要前提是科学预见，而要实现科学预见，这就需要掌握大量历史的和现实的、内部的和外部的、上级的和下级的、国内的和国外的各种信息。密切注意社会环境的各个方面对组织的印象、看法和态度，并以此作出科学的分析和评估，预测其发展的趋势和可能产生的后果，有针对性地提出应变的策略、办法和措施，编制和推行各种公共关系方案，帮助组织面对复杂多变的社会环境，保持高度的灵敏性和应变力，维持组织和整个社会环境的动态平衡。

社会组织所收集的信息不仅是与本组织职责权限性质直接相关的业务信息，而且还应包括组织所处社会的政治、经济、文化、科技、舆论、民性等全方位的信息。

(1)产品形象信息。如产品的质量、性能、价格、售后服务等内容的市场反映。

(2)组织形象信息。如组织机构、人员素质、管理水平、科研开发能力、服务质量、参与社会公益活动、组织内部员工对组织的评价和反应等。

(3)其他社会信息。如政府信息，它包括国家方针政策、发展战略、中长期计划、政治体制改革、对外交往政策及友好往来等；立法信息，包括政府颁布的各种法律、法规、条例、章程等；市场信息，包括市场分布、市场现状、市场占有率，同行业的数量、规模、产品质量、服务设施、技术水平、综合实力，消费者需求、消费心理、消费趋势、消费观念、消费者分布等；科技信息，包括与本组织有关的新科技成果，掌握产品更新换代的科技化趋势与渠道。

此外，公共关系信息还包括金融信息、流通信息、社区信息、人口信息、能源信息等。

(三)咨询参谋

公共关系的决策咨询，是指公共关系人员向组织领导提供有关公众方面的情况和意见，参与组织管理目标的决策。

在知识经济时代，由于科学技术的日新月异，社会节奏快，信息流量大，决策过程中往往面临着错综复杂的多种因素，任何领导者个人的智慧、才干都是难以应对的。这就需要领导者善于借助他人的头脑和双手，来弥补领导者个人才智、经验、精力和能力的不足。而作为公共关系工作的专门机构，它们对公共关系的业务最为熟悉，又具备掌握公共关系技能和技巧，能科学熟练地提供所需的情报和资料。因此，公共关系人员在组织中起着“智囊”、“参谋”作用，成为领导者决策时的重要助手和参谋。

在领导决策的过程中，公共关系部门和人员从公众的角度、组织形象和信誉的角度以及传播沟通的角度，利用与内外部门、公众的广泛交流、接触，搜集、整理、归纳和分析各方面信息，为领导者决策提供较为全面、准确的咨询意见。并在此基础上围绕预定的公共关系目标，提出切实可行的方案，供领导决策时参考。在决策实施过程中，公共关系人员利用客观存在与公众的联系网络和沟通渠道，对其效果进行观察、分析、监测和评价，并及时作出信息反馈。以便对原决策目标、方案作出必要的调整，或为新的决策活动提供新的信息。特别是对决策的效果进行必要的社会评价，促使决策者关注组织的社会形象，保证组织在良好的社会环境中运行发展。

公共关系部门和人员为领导决策提供咨询的范围，主要有以下几个方面：

(1)为组织开展公共关系活动确定目标和公众对象。

(2)对组织形象进行“定位”，为组织设计具有鲜明个性和社会认可的统一公众形象。

(3)为组织制订公共关系活动的策略和方案。

(4)当组织面对各种问题，尤其面临各种危机时，预测和制订公共关系的应变对策和方案，使组织在激荡变化的社会环境中保持主动地位和应变能力，能顺利地渡过危机。

(四)沟通协调

沟通协调就是使组织中的所有部门各要素之间在互通信息的条件下，其一切活动同步化、和谐化，达到组织与环境相适应，以实现共同的目标，取得最优化的成果。

要实现组织的目标，达到和谐统一，必须协调好组织内部的各种关系。主要包括协调组织内部领导者与一般员工、员工与员工以及各部门之间的关系。首先，应力求将组织的信条和原则灌输给每个员工，使人人具有较为一致的价值观，统一于组织的目标基础上，以便在发生人际矛盾和工作纠纷时，有解决矛盾的共同点和判别是非的原则标准。其次，应注意在组织内培养公正的气氛，公正是消除怨气、化解矛盾、团结一致的重要保证。公共关系人员应协助督促各级领导公正地对待一切员工和公正地处理事务。第三，应建立沟通渠道，运用各种传播手段和沟通方式，向员工通报组织的状况，传达和解释管理部门的指令和措施，向领导和管理部门反映员工的建议、意见、情况和问题，真正做到上情下达，下情上达。创造全体成员与组织之间的理解、合作、团结的气氛，增强组织内部的向心力和凝聚力。第四，应注意培养协作的意识和相互谅解的气氛。公共关系人员应帮助员工树立一盘棋的整体意识和全局观念，认识到彼此协作的重要意义，克服本位主义思想和作法，形成相互谅解和支持的氛围。

在处理好内部关系的同时，还应协调好组织与外部环境、外界公众之间的关系。公共关系是组织对外交往和沟通的桥梁，需要运用交际、协调的手段，为组织广交朋友，发展横向联系，减少社会摩擦，缓和各种社会冲突。与外部公众建立友好、合作的社会关系，改善组织外部环境，创造“人和”的外部发展条件，为组织的生存与发展提供良好的社会环境。

第三节　公共关系实务

公共关系实务是一种操作活动，它的目的是在组织与公众之间建立一种和谐、互谅互助的关系。本节主要就公共关系调查、公共关系策划、公共关系广告、演讲的技巧、公共关系文书、危机的处理等方面做介绍。

一、公共关系调查

公共关系调查是社会调查的一种表现形式，它是运用科学的方法，有步骤地去考察组织的公共关系状态，收集必要资料，进而分析各种因素及其相互关系，以达到掌握实际情况、解决面临问题的一种实践活动。

公共关系调查的内容包括组织自身基本情况的调查、公众舆论调查、社会环境调查三个方面。即了解组织的历史情况、机构设置、组织管理、工作方针、活动原则、技术设备、财务状况、人员构成等；了解和掌握公众对组织的认识、态度、看法和各类公众的情况变化以及对组织所产生的影响；公众对组织公共关系专门性活动效果的评价和意见；组织选用的传播媒介的传播效果；与组织有关的政治、经济、技术、社会、文化等方面的发展变化和有关的政策、方针、法律等情况。公共关系调查通常采用的方法有以下几种：

(一)访谈调查法

这是调查人员通过与调查对象，进行面对面的交谈，收集口头材料的一种调查方法。通常采用结构性访谈与非结构性访谈：结构性访谈是由访谈者携带事先设计好的访问调查表进行访谈；非结构性访谈是访谈者只需要根据调查任务的要求，拟定访谈要点或访谈提纲，并据此向调查对象提问，而无需使用标准化调查表。

访谈，实质上是一种人际互动过程。在调查中，访谈者必须从陌生人那里取得材料，而这些材料又往往不是那些陌生人主动乐意提供的。况且，这些陌生人又具有各自不同的个性特点，这都会影响访谈的顺利进行。因此，访谈者必须掌握一定的方法和技巧。

第一，要给人以良好的第一印象，即访谈者的衣着、相貌、举止、风度、语言、态度等都要端庄大方。第一印象的好坏，直接影响双方的交谈，良好的第一印象有利于取得受访人的配合。第二，创造和谐的氛围。访谈者面对陌生的人，也可能是志趣相投，也可能格格不入，访谈者要创造一种真诚、平和、亲切的氛围，努力寻找双方的共同点。第三，启发引导，相互配合。访谈者在谈话开始时，可以先介绍自己，说明调查目的或者谈一些与调查无关的问题，以引出调查的话题。引导工作要做得自然，避免给人无话找话或故意绕圈子的印象。对受访人的话题，应认真倾听，应允许受访人谈话内容短时间地偏离主题，并能选择适当的时机，巧妙地将话题拉到调查的主题上来。当对方说话含糊不清时，应用婉转的口气，请求对方重复或解释。第四，以诚相待。对访谈中遇到的不合作者，应有足够的耐心和诚意，要有不达目的不罢休的精神。真诚所致，金石为开，当你的诚挚让对方感到内疚时，你就会获得所需要的材料。

在访谈实施过程中应遵循以下几个步骤：

(1)访谈准备。这包括思想准备，拟定调查提纲，地区划分与人员安排，访谈所必需的工具等。

(2)访谈开始。访谈时，先要经过一种友谊性的交往，并适当注意风俗习惯，然后说明来意，讲清此项调查的目的和此项调查对其有什么关系。所问的问题宜由浅入深，由近及远，从最感兴趣的问题开始，再深入到核心问题。访谈者应力求促成访谈高潮的到来，核心问题的调查力求详细、具体，并设法引导受访人谈出更深刻的看法。

(3)结束访谈。恰到好处地结束访谈，是访谈过程中不可忽视的。如调查内容已完成，但受访人谈兴仍浓，可再谈论一些建立友谊方面的话，以此来结束。

(4)记录整理。访谈结束后要立即整理记录。记录要做到客观真实，字迹清楚，没有遗漏，数据确凿。

(二)问卷调查法

问卷法就是将所要调查的问题以书面文字的形式制成问卷，通过邮局或其他方式交给调查对象，让调查对象按照规定的时间回答完毕，进行汇总分析，以取得所需要的调查材料。

问卷法使用一般适用于：调查的范围较广，不易当面谈清的情况，以及调查对象文化水平较高时。问卷的回收率能在65%以上最为理想。

问卷能否收到真实的效果，关键在于问卷的设计。在设计问卷时应注意以下几点：

(1)问卷的第一部分为问卷说明，主要介绍调查的目的、对象、范围、意义、保密性原则、填写方法和注意事项。

(2)问卷中一般包含着四种类型的问题：

第一类是客观事实问题，即有关调查社会背景等方面的问题，如年龄、性别、文化程度、职业、经济状态、政治面貌等；第二类是主观态度类的问题，如“您喜欢这项产品吗?”、“您赞成这项政策吗?”；第三类是趋向性问题，如“您毕业以后，倾向于去哪些单位?”、“您对哪些人有好感?”；第四类是解释性问题，如“您上技校的原因是什么?”、“您为什么对这一职业感兴趣”等。在设计具体问题时可采用多项选择式、对比选择式或其他方式等。

(3)问卷设计时要注意紧密围绕调查目的，避免提出与调查目的无关的问题，并要根据问题的逻辑关系注意总体的排列顺序。

(4)问卷设计应使用简单明了的词句，避免使用多义词和含糊不清的词句，避免提出难以回答的问题，避免提出引导性的问题。

问卷法实施过程包括如下几个步骤：

第一，确定问题的内容和类型。即确定用事实性问题还是采用态度性问题等，并根据内容决定采用开放型还是封闭型的问卷形式。第二，具体问题的设计和确定问题的回答方式。第三，编成问卷表。要将问题合理排列、同时进行编码并写好说明文字。第四，试查。即将制好的问卷发放给一部分人，通过他们的填写，检查是否可问出所要的材料，是否有错误或不明确的地方，试查后再进行适当修改。第五，问卷发放与作答。发放形式有邮寄或分发两种。第六，问卷回收。回收率以65%以上为理想数字，回收率低必然会影响调查结果。第七，问卷整理和分析。整理包括对不合标准的问卷的处理和对调查所得数字的整理，对合乎标准的问卷要用统计学的理论和技术进行统计分析。通过问卷的整理分析，撰写调查报告，从而完成问卷的整个过程。

(三)民意测验法

民意测验法是公众调查中普遍应用的方法。它是采用问卷的形式，运用抽样调查的方法，直接了解社会公众对某一组织、事物、事件或某种问题的需要、认识、看法、意见和反应。

1. 民意测验实施步骤

(1)确定调查的目的。首先，根据组织的某些需要，确定调查的目的。其次，了解进行民意测验的具体目标。如只提出“了解职工意见”这一目标，就过于空泛，还应提出职工对组织有哪方面的意见,是对企业管理方面,还是对工会福利方面。较大规模的民意测验,还应根据目标提出包括时间、人力、资金在内的调查方案。

(2)确定人口总体。人口总体是由许多单个人组成的总和,是一个大的集团。民意测验的对象只是根据目标确定有代表性的一部分,排除不符合调查对象标准的人。

(3)拟定问卷。问卷是民意测验的主要工具,前面已作阐述。

(4)确定访问方式。民意测验一般采用两种方式。第一种是访谈法,第二种是问卷调查法,这在前面已讲述,不再重述。

(5)抽样。采取随机抽样法和配额抽样法进行抽样。

(6)访问。访问常由许多人进行,为了获得高质量的结果,需要精心组织,做好访问者的选择,培训和监督工作。

(7)整理资料数据。通过访问对获得具有一定质量的调查结果进行整理,其步骤如下:

①编校:编校工作要注意检查问卷是否清楚、完整;前后答案是否合乎逻辑;对不清楚的问卷进行补充访问校正、补齐,确保收回的问卷资料的有效性、准确性。

②登录:将每份问卷上代表各种备选答案的编码登录在统计表格上。登录结束后,要进行抽查,避免漏登、错登。

③统计:累计每一个编码出现的总次数,即是样本中选答这一编码所代表的答案的人数;计算调查样本中选择不同答案的人的百分比。大规模的民意测验可借助电子计算机进行统计。比较复杂的统计分析,需要由具备专门统计知识的人员进行。

④整理:通过抄录、摘要、分类、编出索引,以便查阅分析。

(8)撰写调查报告。在统计问卷的基础上,进行分析研究,提出调查报告。调查报告的内容应包括:

①调查题目、调查委托人、调查主持人、调查日期、内容目录。

②调查的原因、目的和方法。

③调查对象的总体、抽样方法,样本总数及有关分析、回卷率。

④调查的结果及有关数据,各种答案的比率。

⑤调查者提出的结论和建议。

⑥附件。包括问卷样本、统计数据、背景资料等。

2. 抽样调查法

抽样法是指从调查的人口总体中按照一定的方法取一部分样本加以调查,并把这部分样本的调查结果推广到原来的总体中去。抽样法包括随机抽样法和配额抽样法两种方法:

(1)随机抽样法是完全按照机会均等的原则,任意抽取总体中的某一部分样本,并能计算样本对其总体的代表程度。通常采用:

①简单随机抽样:先按照人口总体顺序编号,然后采用等距法,每隔一定间隔,抽出一个人,组成样本。或采用抽签的办法,即把总体所有数字编号放在箱内,随意抽出一个编号,直至达到样本数为止。

②分层抽样:先将总体按特征分类,如个人的行业、性别、教育程度、居住地区、年龄等特征分层,然后在每层中随机抽样。分层抽样又可分为两种情况,一种是等比例分层抽样,即完全按各层次所占总体数量的比例,分别抽取各个层次的样本单位。如一个3000人的总体,由2000名男性,1000名女性组成,共需抽出300人样本,抽样比例为1/10。这就是要从男性中抽取200人,女性中抽取100人,组成300人的样本。另一种是不等比例的分层抽样。即根据各

层特征差异的大小来调查各层的样本数目。如在上例 3000 人中,为了了解女性对某一问题所持的态度,决定在女性中按 1/5 的比例抽样。假定抽取 200 人,然后在综合报道样本总数的各项回答结果时,可将女性回答结果缩小一倍,男性回答结果扩大一倍。

③多阶段分地区抽样:这种方法一般是针对广大地理区域的公众进行当面的访问时,采用的抽样方法。通过几个阶段,抽选出由家庭组成的样本,再去访问那些符合调查标准的个人。下面是美国调查研究中心在全美范围进行的一次面访调查,如图 1-1 所示。

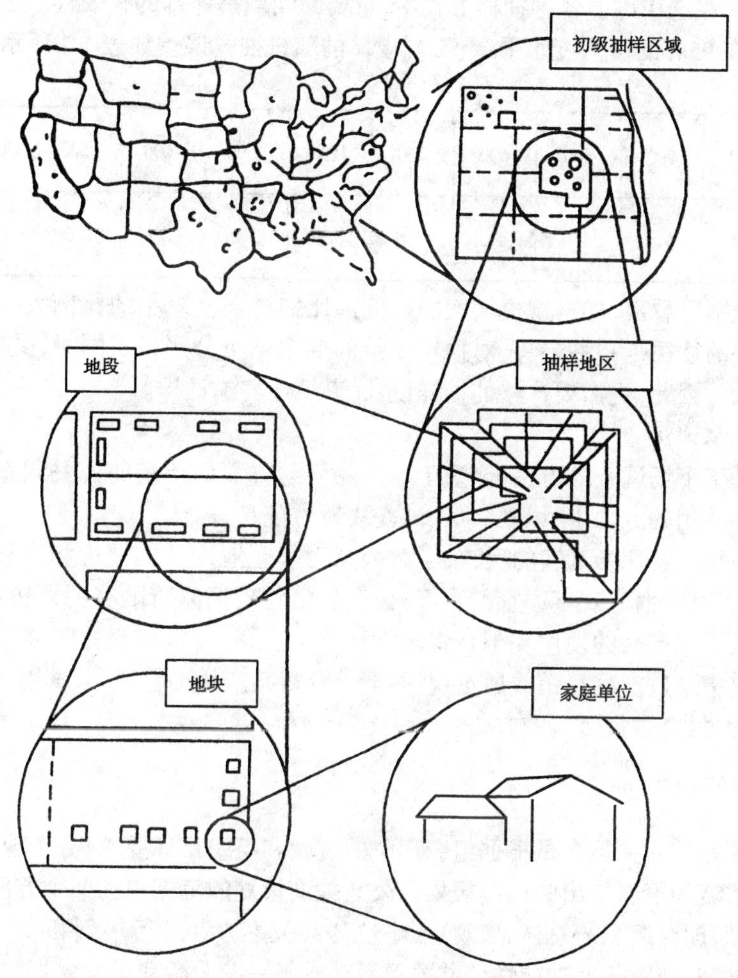

图 1-1 分区多级随机抽样示意图

第一阶段是把美国划分为几百个初级地理区域,从中随机抽选大约 100 个初级单位。这些初级地理区域要么是大城市地区,要么是由几个县组成的一块区域。

第二阶段是把上述初级单位划分为由城市、镇和农村地区组成的若干层,从中抽选出抽样地区。

第三阶段是在上述抽样地区中抽选出进一步细分的更小的地段,通常是乡或城市的区。

第四阶段是从这些地段中,随机抽选一些地段,然后把抽选出的地段划分为以 20 户为单位的地块。

第五阶段是从这些地块中,采用随机抽样法,把以家庭为单位的样本抽选出来。最后,由调查者按地图上的标志和访问要求,对调查对象进行家访。

(2)配额抽样是在确定调查对象特征后,根据基础资料,按总体中具有规定特征的人口比例,确定样本中各种特征的人数。然后把这些人数分配给调查者,由调查者根据一定的标准和所规定的控制特征选择调查对象。

应用配额抽样要注意两点,第一,有时规定的两项或两项以上的特征是相互独立,互不交叉的,如按性别规定,男、女各 100 人。第二,有时规定的特征是相互交叉的,如规定样本性别与文化程度交叉,100 个男性中,大学、中学、小学文化程度的各占多少。

需要指出的是,在选用以上各种抽样方式中,重要的问题是样本的代表性。根据美国报纸发行人协会推荐,在 95%的可信度水平上,不同规模的随机抽样误差如表 1-1 所示:

表 1-1

样本规模(个)	100	200	400	600	750	1000	1500	2000	2500	3000	5000
抽样误差(%)	9.8	6.9	4.9	4.0	3.6	3.1	2.5	2.2	2.0	1.8	1.4

从以上统计数字可看出,样本规模增大的比例远比抽样误差缩小的比例大得多。多数公共关系调查所反映的往往是一种趋势,对抽样误差的要求不十分严格。同时,受条件限制,样本规模不可能较大。因此,更需要严格的抽样设计,谨慎地实施抽样。

(四)市场意见征询法

这是一种借助于市场调查的方法,侧重于对产品问题方面的调查的公关调查方法。在公共关系实践中具体使用的方法中,以观察法、试验法最为普遍。

(1)观察法:是指通过现场真实的反映,了解公众对本企业产品的评价和反映。以企业为例,公关人员可以去有关商店观察顾客的喜好;去产品销售现场倾听顾客的评价和反映;直接深入用户家中观察了解产品的使用和消费情况等。

(2)试验法:是指通过产品经销或展览现场,请公众对某产品进行试尝、试用、试穿等方式,征询公众对产品的意见,收集资料的方法。

二、公共关系策划

公共关系策划是公共关系人员根据组织形象的现状和组织目标要求,分析现有条件,对公共关系活动整体战略和策略作出的运筹规划。公共关系策划的范围包括两个方面:第一,总体公共关系战略策划,即对组织的总体、宏观、战略性公共关系方针进行策划和设计;第二,具体的公共关系活动策划,即对某一功能性公共关系活动或某一专题活动进行谋划和设计。

在公共关系活动中,公共关系策划的方法很多,这里主要介绍以下几种:

(一)目标延伸法

这是一种紧密围绕公共关系的战略目标,有意识地加以延伸、推导出具体的公共关系活动方案。运用这一技法的关键在于使目标与手段有机结合,促成公共关系战略目标的实现。同时,这一目标与手段本身又是实事求是的,富有操作性。比如,1984 年,北京长城饭店获悉原美国总统里根访华的消息,经过不懈的努力,终于促成里根总统将访华告别宴会安排在长城饭店。4 月 29 日,来自世界各地的 500 余名记者汇聚长城饭店,对里根总统进行了采访和报道,一时间,长城饭店的名字传遍了全世界,其知名度大大提高。

(二)以攻为守法

当组织面临“信任危机”等突发事件时,公共关系部门和人员应主动出去,变被动为主动,化不利为有利。通过调整组织自身的政策、策略、理念、行为等，去开创新局面。比如美国海洋浪花公司对“克兰梅”事件的处理，就体现了以攻为守的策略。克兰梅是美国人感恩节餐桌上不可缺少的一种深红色酸果。有一年感恩节前，有传说当年的克兰梅因为污染，使实验室白鼠发生了癌变。面对直线下降的销售市场，海洋浪花公司立即发动反击。它成立了7人专门小组，先后举办记者招待会，在电视台安排专访节目，让公司负责人在食品制造商会议上澄清事实，还邀请总统候选人在电视上食用克兰梅。随后又请专家做化学试验，并将试验结果及时公布。经过一系列努力，克兰梅在感恩节到来之前又回到了商店的食品架上。

(三)借题发挥法

这是一种借助于某一外在因素或事件，因势利导开展公共关系活动，以实现公共关系目标的方法。运用这一方法要求公共关系人员具有职业的敏感性，善于从司空见惯的现象或不期而遇的事件中，发现其不同寻常之处，并以此为题大做文章、大造声势。例如针对节日、纪念日，或社会上的热门话题，以及在评比、竞赛中获奖等，加以利用来造成轰动效应。

此外，在公共关系策划中，“制造”新闻已成为组织提高自己的知名度，以得到更多消费者的支持的一种公关活动的有效手段。在公关活动中，公共关系人员针对社会公众和新闻界的兴趣，寻找公众关注的“热点”，采取别具一格或戏剧性的方式，有计划地、主动地策化新闻事件，产生新闻价值，吸引新闻媒介前来报道，以达到提高组织知名度的目的。“制造”新闻的途径主要有：

1. 以改变事物形象，创造新闻价值

公关人员在某种新观念指导下，对一般性的事物或事件稍作加工或改进，可以创造该事物或事件原来没有的新闻价值，从而达到“制造”新闻的目的。例如一般单位搞开幕、开工典礼，要邀请领导干部、知名人士出席并剪彩，可有一家单位却邀请了当天第一位光临的顾客剪彩，此事就成了多家媒介报道的新闻。

2. 利用名人名节，提高知名度

(1)“制造”新闻时，将有特殊影响、特殊意义的事件如传统节日或盛大纪念日联系在一起。利用庆典、节日有意识地组织安排某些具有新闻价值的活动，既增添节日的欢悦气氛，又将使“制造”新闻的做法富有人情味。

(2)重视知名和权威人士，抓住人们普遍崇拜知名人士的心理来“制造”新闻，有意识地把企业和某些权威人士、社会名流联系在一起，从而产生轰动性的宣传效应。例如某一学校邀请我国著名歌星参加学校晋升学院庆典活动，并现场演出，此事在当地新闻媒介上报道，使学校的知名度大大提高。

(3)联合新闻机构。要有意识地同电台、电视台、报社等新闻机构联合举办各种形式的活动，以增加在新闻媒介中出现的机会。因为新闻机构自身参加的活动必定会在自身传播工具中反映出来，这样组织也就能得到机会与公众见面。例如，某一企业在“3·15”活动中，主动邀请新闻部门和质量监督部门去检查监督商品质量情况，这一消息第二天就在新闻媒体上报道出来。

在“制造”新闻过程中，公关人员应把握好两点，

第一，制造新闻要有事实根据，信守真实性原则，对社会负责；第二，要遵守职业道德，对“制造”新闻活动的规模、程度都应加以控制。

三、公共关系广告

广告，从汉语字面意思看，是“广而告之”的意思，即向公众告知某件事情。广告是通过语言、文字、图像来进行的，有目的地介绍、推销产(商)品和提供各种社会服务的公开宣传形式。

公共关系广告是运用大众传播手段，为公关主体传播信息、推销自身形象的一种特殊的宣传形式。在这里要强调的是，公共关系广告不同于一般的商业广告。一般商业广告的商业色彩较浓，注重商品推销，目的是让公众去“买”。而公关广告的公众色彩、社会色彩较浓，目的是通过大众媒介的宣传，唤起人们对组织的注意、兴趣、信赖、好感和合作，以树立良好的组织形象。

(一)公关广告的主要形式

公关广告具有覆盖面广、鼓动性强、感觉效果明显，容易在短时间内产生巨大影响的特点。其主要形式有：

(1)实力广告。这类广告大多以宣传本组织(企业)的人才，设施、技术、资信、成果等实力为主。在广告中列举本组织中杰出的人物、高层管理人员和技术人员、物资设施、技术条件、承担国家重大项目以及取得的成果、工作实绩和对社会所作出的贡献等。有时企业的产品直接以所附属的著名组织或研制者的名字命名。如“日本三菱”汽车、“李宁”运动服、“北大方正”等。

(2)形象广告。这是公共关系中运用得最为普遍的一种，主要强调本组织的整体形象，即本组织各方面的情况，如经营宗旨、价值观念、企业精神、行为方式、人员素质、重大改革等。

(3)信誉广告。这种广告旨在传播本组织的良好声誉，让公众了解社会对本组织的赞誉及其所取得的各种荣誉。如政府、主管部门、同行专家对本组织的褒奖、赞誉及好评；新闻媒体对本组织的报道；技术质量检测部门对本组织的生产、经营的产(商)品公布的检验结果等。

(4)公益广告。其内容强调本组织与社会的相关性和协作性，以求公众的好感和支持。如保护环境、植树造林、预防疾病、爱护野生珍稀动物、修建公路、赞助慈善机构、赞助赈灾义演、救助灾民等。

(5)声势广告。这是借助本组织的各种庆典活动和剪彩仪式来造成声势，产生影响。如重大节日或国内重大活动、重大工程奠基、揭幕等。

(6)祝贺广告。借社会其他组织举办重大活动时，以示庆贺来树立本组织形象，扩大社会影响。如祝贺某某希望小学落成等。

此外，还有倡议广告、响应广告、释意广告、记事广告等。这些广告的目的都是为了塑造和美化组织形象。

(二)广告媒体的选择

如何运用公共关系广告，以达到最佳的社会效果，确定广告主题与选择媒体尤其重要。

不同的公共关系广告目标，可确定不同的主题和内容。以建立本组织信誉为主题的公共关系广告，可以通过介绍本组织的历史、现状，经营的方针及服务宗旨来实现，使本组织的整体形象更加完美。以公共服务为主题的公共关系广告，可以通过为社会福利事业和社会公益事业的发展提供赞助等形式来实现，如“希望工程”捐款资助、为抗洪救灾进行的捐助等活动。扩大本组织的知名度，在社会公众心目中留下深刻美好的印象。以追求特殊事项为主题的公共关系广告，可以通过为某社会组织或经济组织的新址落成典礼、周年庆典、庆功表彰等提供赞助的形式，以加强与社会各界的友好往来。

广告的传播媒体多种多样，大众传播媒介如报纸、杂志、广播、电视无疑是最主要的广告媒体。关于这几种媒体的特点，本书第一章第一节中已作了介绍。这里再介绍另外几种使用较为频繁的广告媒体：

路牌广告：这类广告一般比较醒目，立于闹市、街头、商店、车站、公路旁或墙壁上，以吸引过往行人。这类广告，由于观看速度快，所以要求言简意赅、构图新颖、色彩鲜明。

实体模拟广告：它是用巨型化模拟体作道具，立于或悬挂在闹市区、商场、展览会、体育场来吸引观众的注意。它往往能出人意料，使人感到有趣、难忘，而且它能给现场带来极为热烈的气氛，从而使人们对模拟体所宣传的内容产生快速的记忆。

包装袋广告：这种广告是组织活动广告，是融产品广告、公关广告为一体的一种宣传形式。包装袋上可以印有厂名、店名、商标。一只包装袋如果制作美观、大方、实用、构思新颖、标题醒目，会使人过目难忘，而且会连续使用多次，从而可增强广告效果。

在选择广告媒体时，一般应考虑以下几个因素：

(1)根据媒体的特点选择合适的广告媒体。这是因为媒体传播的范围的大小、发行数额的多少，会直接影响接受信息的人数；媒体的社会文化地位是否与广告的读者和视听者文化层次相适应，会影响广告的传播效果；媒体的社会威望对于广告的社会影响力和可信度，也有重要的影响。

(2)不同的公共关系广告内容应选择不同的广告媒体，以保证特定的社会公众能及时接受到信息。

(3)不同的公共关系广告内容是为不同的公众而设计的，不同的社会公众在职业、兴趣爱好、文化程度、知识结构及生活习惯等方面都具有特点，从而形成了对媒体的不同接触习惯。例如，知识分子接触报纸、杂志比较多，青少年和儿童接受电视广告媒体比较多。社会公众接触广告媒体的习惯与生活习惯越接近，广告效果就越好。

(4)社会组织在选择广告媒体时，必须要考虑到广告目标与组织社会活动及经济活动的结合度。如新建企业为举行开幕仪式设计公关广告，其目的是扩大企业的知名度，此时就应选择时效性强、接触面广的地方报纸、电视和广播等媒体。

(5)公关广告宣传必然需要一定的费用，采取哪种形式，选择哪种广告媒体，其费用支出都不尽一致。这就要求公共关系人员对公关广告的费用与效果进行比较分析，根据自身的财力，选择适当的广告媒体和适当的刊播时间与空间。

(三)广告的体裁与写作

广告的体裁分两种形式，一种是标题式广告，主要包括：直接诉求式，这类广告的标题直接陈述社会组织的行为给公众带来的益处，不需要看正文就能明白其中的意旨；间接诉求式，它的目的在于引导公众由标题将注意力转向广告的正文；新闻式，这类标题的广告采取带有新闻意味的标题来吸引公众，但又不同于单纯的新闻；问题式，这类广告借助公众的好奇心理，以提出问题的形式做广告的标题，引起公众的注意。

另一种是文案广告，包括：布告体文案，这种文案运用范围广泛，广告语可长可短，灵活性强，在设计方面要求语言恰当，语意畅达，内容交代清楚，结尾部分署明发布广告的社会组织名称；新闻体文案，是利用新闻具有内容新颖、传播广泛、影响人数多的特点，在设计构思上借新闻体发挥，激起公众的兴趣和注意；对话体文案，此种文案采取对话的形式，以问答式宣传组织的意图，针对性强，富有亲切感，有说服力。对话一般采用一男一女，有问有答的形式；证书体文案，设计公关广告时，可以利用社会组织所获得的富有代表性和权威性的获奖证书、优秀产品鉴定等定性资料来宣传,以便给公众留下很好的印象;对联体方案,对联文辞优雅,可读性强,容易记忆。用这种文案做公关广告,能起到过目不忘的宣传作用。

公共关系广告词写作是应用文范畴的一种特殊的文体,它由标题、正文、标语和附文组成。

(1)标题又称题目。它是公共关系广告内容的高度浓缩和概括。广告标题要求结合主题,简明扼要、富有个性、形象生动、引人入胜。

(2)正文。它是公共关系广告的核心,也是表现主题的主要部分,一般包括开头、描述、劝诱、结尾。写作要求是主题集中、实事求是、构思新颖、意境隽永、语言生动、富于人情味。成功的广告词正文要尽量使用生动活泼的口语,避免华而不实的文词。

(3)标语。标语又称广告口号,是广告在一段较长时期内反复使用的特定宣传语句。如"珍爱生命,远离毒品"等,写作要求是言简意明,易懂易记。

(4)附文。附文是广告的必要说明,如厂名、地址、法人代表、电话、商标、牌名、价格、经销部门等,对公众和消费者起联系和购买指南的作用。

广告词的写作要运用各种艺术手段,富有民族特色和时代精神、图文并茂、雅俗共赏,以取得最佳的广告效益。同商品广告词相比,公共关系广告词更注重明理、动情、含蓄、创新。如果说商品广告词在写作上侧重于逻辑思维的话,那么,公共关系广告词则侧重于形象,更多地追求美学品格和艺术品味,这是我们在公共关系广告词写作时必须予以注意的。

四、演讲

演讲,又称讲演、演说,是演讲者在特定的时境中,以有声语言为基本表达形式,以态势语为辅助形式,直接发表意见、阐述主张、抒发情感,从而达到感召公众并促进其行动的一种现实的社会实践活动。

演讲有两个基本特征,一个是"讲",一个是"演"。"讲"主要运用口语直抒己见,阐述问题;"演"是以表情、手势、姿态、服饰等态势语来增强表达的效果,提高演讲的感染力和实效性。演讲具有针对性、表情性、鼓动性、临场性和时效性等基本特点。

演讲的类型多种多样,根据演讲的内容、目的、场合和方式,可采用不同的演讲,一般来说,常见的演讲有学术演讲、述职演讲、竞选演讲、即兴式演讲等。

(一)演讲的技巧

演讲作为一种常用的人际传播方式,在现代公共关系活动中得到了广泛的应用。演讲是社会组织开展公共关系工作的重要工具,是公共关系人员必备的职业技能之一。一次成功的演讲要注意些什么呢?

1. 演讲准备

公关人员在演讲前,首先,要明确这次演讲要达到什么目的,选择什么样的主题;其次,要了解分析听众的心理,根据听众的特点选择恰当的演讲方式;最后,要依据公共关系目标,精心准备演讲稿,要理清思路,熟记要点,刻苦练习,强化内功。

2. 演讲要领

在进行演讲时,要注意哪些要领呢?

(1)掌握口语表达技巧。演讲,是用口语来传播信息,表达思想。要使演讲能够吸引人、感召人、征服人,必须讲究语言的口语化、规范化、个性化。在使用口语时,做到准确清楚,发音力求规范,并运用恰当的语气、语调变化,抑扬顿挫,充分表达自己的思想感情,从而影响听众,使之产生共鸣。

(2)要讲究登台艺术。俗话说:“良好的开端是成功的一半”,演讲也是这样。演讲者一登台亮相,应给听众一个良好的第一印象。上台时面部表情要自然,精神饱满,充满自信;服装整洁大方,庄重协调,与演讲者身份、演讲场合相适应;注意仪表,讲究风度。要按照自己的气质修养、年龄身份、环境气氛、听众情趣来修饰容貌。并保持自然的、亲切的,与听众地位平等的、与演讲内容和内在情感流露默契相融的演讲风度。

(3)要有一个精彩的开场白。从心理学的角度看,任何活动开场时的二、三分钟,是人们思想最为集中的时刻,并直接影响以后参与活动的情绪和兴趣。演讲有一个引人入胜的开头,既可营造气氛,引发兴趣,建立演讲者与听众的情感纽带和认同感;又可打开场面,引入正题,使演讲一开始就具有一种慑人的魅力和巨大的“磁力”,为整个演讲铺平道路。

(4)要正确运用表情、手势、体姿、服饰、道具等非语言因素。在演讲时,要尽量用眼睛看着听众说话,面部表情、手势和姿态应随着演讲的内容而起伏变化,但不能过分夸张。

(5)要学会控场的技巧。演讲者一上场就应面对听众,以亲切、谦和的目光遍视全场,等会场稳定下来,即开始演讲。在演讲过程中,巧用停顿,有意设问,运用修辞技巧和幽默手法,调动听众情绪和注意力,达到有效地控制场面的目的。

(6)结尾要深刻含蓄。如果说良好的开端是成功的一半,那么,画龙点睛的结尾,则是演讲走向成功的最后一步。演讲的结尾要深刻有力,耐人寻味,令人久久难以忘怀。

(二)演讲词的写作

演讲词又称演讲稿,它是演讲者在演讲前事先写出来的,供演讲时使用的底稿。公共关系演讲词,一般由命题、称谓、正文三部分组成:

(1)命题。命题就是确定演讲词的题目,命题要求贴切、鲜明、精练、醒目,“题括文义,文切题旨”,题目要既能概括整个演讲的内容,又能吸引听众的注意。

(2)称谓。称谓就是向听众打招呼。称谓得当,能给听众一个良好的印象,并吸引听众的注意。如某学校学生在演讲比赛中,大多数演讲者的称谓是:“老师们,同学们!”对称谓的选择一方面应根据到场的听众予以确定,注意称谓的准确性、包容性和次第性;另一方面应传达出演讲者对听众的敬重和爱意。

(3)正文。这是演讲词的主体,一般由开场白、中心部分、结束语三部分组成。

开场白是演讲词开头的引言,是给听众的第一印象。演讲词开头应提纲挈领,以最简明的语言、最经济的时间,讲出全部讲话的要领,把听众的注意力和兴奋点吸引过来,使听众的思路随演讲者的思路而展开。演讲词常见的开头方法有:开门见山,点明主题;自我介绍,交流感情;叙述情况,说明根由;提出问题,引入思考;引用名言,借题发挥;正题反说,故设疑阵;先抑后扬,出乎意外等。

公共关系演讲词的中间部分,是整个演讲的关键所在。这一部分主要是论理,可将叙述、描写、说明、抒情等表达方式有机地结合起来,融为一体,增强鼓动性和艺术感染力,以取得预期的效果。中间部分要求突出中心,观点与材料有机结合,讲道理与摆事实有机结合。在层次上,要根据演讲的时空特点,对演讲内容加以选取、剪辑和组合,形成一个顺理成章的结构层次。

演讲词的结束语同样至关重要,一篇好的演讲词,如果开场白和中间部分很精彩,而结尾却平淡无力,就会功亏一篑,影响整篇演讲的效果。演讲词的结尾方法多种多样,常见的方法有:概括全文,画龙点睛;引用警句,振聋发聩;发出号召,提出希望;借用名言,深化主题等。

五、公共关系文书

公共关系文书是为开展公共关系活动和实现公共关系目标而制作使用的各种书面材料。由于公共关系活动的内容非常丰富,所涉及的公共关系对象十分广泛,因而公共关系文书的种类呈现出复杂性和多样性。这里我们主要介绍以下几种公共关系文书的写作:

(一)公共关系新闻稿

在公共关系文书中,新闻稿的撰写是一项经常性的基础工作。撰写新闻稿,借助新闻舆论的力量,既可扩大组织与公众的信息沟通,优化社会舆论,树立组织的美好形象。又可收集公众的信息反馈,使组织得以了解公众的意向。

新闻包括消息、通讯、调查报告、新闻评论等多种体裁。这里主要介绍消息和通讯两种体裁。

(1)消息,亦称新闻,它能够迅速简要地反映新近发生的事实。消息的时间性很强,要求及时地把新问题、新事物等反映出来。其写作要求简洁、明了、客观报道,多用叙述手法,一般不应夹入写作者的议论和抒情。消息包括简讯、新闻动态、综合新闻、经验性新闻、评论性新闻、公报性新闻、特写新闻等。

公共关系新闻稿的结构形式多种多样,一般有:

①倒金字塔式:这种写作方法的主要特点是头重脚轻,以重要性递减的顺序来安排新闻中的各种事实,一般由导语、主体、结尾、背景和标题五部分组成。

导语,是一篇消息的开头部分,它用简洁的文字把最重要、最新鲜、最吸引读者的事实放在前面,用来提出问题,概述事实,揭示主题,给人以总括的印象,引起读者或听众的注意。常见的导语有直叙式、结论式、提问式、摘要式等多种写法,一篇公共关系新闻稿可根据具体情况进行选择。

主体是消息的主要部分,它承接导语,用充实、典型的具体材料,印正导语中的提示,回答导语中的问题。写作时应注意以下几点:突出主干,剔除枝蔓;结构严谨,层次分明;内容充实,阐明主题;通俗易懂,生动耐看。

②并列式:如新闻内容和事实几乎同等重要时,则可以用并列式写法,可使用一则概括性导语,然后把新闻事实有机地排列在公报的主干中。

③顺时式:即按时间顺序来写,先发生的事实放在前面,后发生的事实在后。

(2)通讯。它是消息的延伸和展开,比消息容量大、题材广,可以详细叙述、描写、议论,并常常需要增加文学色彩。通讯包括人物通讯、事件通讯、工作通讯等。

通讯的写作结构上也由导语、主体、结尾三部分组成。主体部分可以是一个整体,也可以分成若干小节并加小标题,在人称使用上也可任意选择。

撰写新闻稿有如下要求:

(1)公关人员不能只站在局部看问题,应站在全社会的高度分析事实。有些事实,在本单位、本部门的小范围内可能是轰动性的,但在全局范围内,却可能是微不足道的。因此要选择带有指导全局意义的事物进行报道。

(2)根据不同的新闻媒介,介绍不同类型的新闻,撰写不同体裁的文章。对某些专门行业的内容和技术用语,应尽量简明、通俗,采用公众普遍能接受的表达方式。

(3)撰写新闻稿时,应注意扩大组织知名度,努力树立本单位良好的社会形象。在选材和用语时要注意适当介绍本单位或为某些具体问题作明确的说明。

(二)公共关系年度报告

公共关系年度报告时,也称工作总结。它是反映社会组织过去一年中开展公共关系活动及其成果的文书。

撰写公共关系报告时,必须事先对年内的公共关系活动进行充分的调查研究,对其工作业绩和公众反馈的意见进行收集、整理、归纳、综合、加工、分析,实事求是地总结成绩和经验,发现缺点,吸取教训,以便巩固成绩,发扬优点,找出差距,改进工作,调整关系,为制定下一年度的公共关系计划做好准备。

公共关系年度报告通常由标题、受文对象、正文、落款四部分组成。

(1)标题。公共关系年度报告的标题有两种写法,例如:《××公司2004年公共关系工作报告》或《年度公共关系工作报告》。

(2)受文对象。公共关系年度报告的受文对象有两种写法,例如:“××总经理”或“总经理室”和主管部门名称。

(3)正文。公共关系年度报告包括开头、主体和结语三部分。

①开头。常用的写法有:缘由式开头,简要说明撰写年度报告的起因;概要式开头,概述年度报告的基本内容;成绩式开头,简述全年取得的主要成绩;作法式开头,一开始就列举公共关系工作或活动的主要做法等。

②主体。它的内容包括:对照公共关系年度计划,对一年来的公共关系实践及其成绩和不足进行概括、归纳,揭示其基本规律。在此基础上,明确下一年度公共关系的目标和任务。主体要求写得一目了然,在陈述情况时,要交代清楚。写存在的问题要抓住主要的、关键的、有重大影响的问题来写。经验和体会应总结提炼,重点叙述。下一年度的工作要点可粗线条地勾勒,不宜过细。

③结语。在主体写完后,用“以上报告妥否,请指示”、“请审阅”等惯用语句结束。

(4)落款。标明行文主体和行文时间。

撰写公共关系年度报告,应注意以下几点:第一,要实事求是,内容真实确凿,切忌虚假;第二,要注意提炼,将感性认识上升到理性认识,真正总结出带规律性的东西,才对今后的工作的现实指导意义;第三,要突出重点,抓住主要矛盾,切忌面面俱到,没有主次之分;第四,要写出特色,有个性,有新意,有创造,有独到之处,切不可流于形式,搞一般化。

(三)公共关系贺词

公共关系贺词也可写成贺词、祝词(辞)、贺信,是指以社会组织或个人的名义,对某人、某组织或某件事情表示赞颂、祝贺的礼仪文书。

公共关系贺词根据场合的不同,可分为祝寿词、祝贺词和祝酒词三种。祝寿词是对重要人物的寿诞或社会组织的华诞表示祝贺;祝贺词是对取得重大成绩、做出卓越贡献的组织或个人表示祝贺;祝酒词是在宴会上开始时主人对客人的到来表示欢迎、客人进行答谢并表示衷心祝愿的应酬之词。

贺词的结构一般由标题、称谓、正文、落款四部分组成。

(1)标题。标题在第一行,居中书写,有两种写法:一是只写文体名称“贺词”或“贺信”等;二是文体名称前加上祝贺单位(或个人)的名称和内容范围。

(2)称谓。它是指受贺组织或个人的名称,也可以用泛称,如写给教师节的贺词“全体教师”等。

(3)正文。它主要包括以下三层意思:一是表明祝贺者的身份及代表谁说话,向谁祝贺,祝贺什么，为什么祝贺等。二是祝贺的事实，应根据不同情况而有所侧重。对重大节日或特定纪念日活动的祝贺，着重写出取得成绩，及该成绩对国家建设、发展乃至社会进步的作用、地位和影响；对重要会议的祝贺，应说明该会议的重要性，表达对会议的期望和要求。庆贺寿辰的祝词，应简要、准确赞颂对方在事业上的成功，对社会的贡献等。三是祝贺语，写希望和祝愿。凡上级给下级的，一般写希望和要求；祝贺会议的，一般写"祝大会圆满成功"；祝贺寿诞的，一般写"衷心祝愿健康长寿"等。

(4)落款。它是指祝贺单位(或个人)的名称(姓名)和日期(年、月、日)。

公共关系贺词的写作，应注意以下几点：第一，遣词造句要充满热情、喜悦、激励、希望、褒扬之意，使人感到温暖和愉快，并从中受到教育和鼓舞。第二，祝贺、颂扬、赞美之词要实事求是，把握分寸，恰如其分。不要故意拔高，甚至有献媚之嫌。第三，注意纸与字的颜色搭配。按习惯，只能用红纸黑字或黄字书写，切忌用白纸黑字或黑纸白字。

(四)公共关系请柬

公共关系请柬，也称请帖、邀请书，是社会组织或个人邀请他人参加重要会议和喜庆纪念活动时使用的告知性日用文书。

公共关系请柬的类别，根据不同的使用场合，可分为正式请柬和非正式请柬；根据邀请客人的目的，可分为会议请柬、仪式请柬、参观请柬和宴会请柬等。

公共关系请柬的形式多种多样，大体上可分为横式或竖式、单页或折叠页等。其内容结构通常由标题、称谓、正文、结尾、落款五部分组成。

目前，通用的请柬采用格式化的形式印制，只需按照要求填写，写明邀请的单位(或个人)名称，活动的内容、时间、地点以及邀请者的名称。

六、危机的处理

危机公共关系，是指当社会组织在其正常运作过程中，出现了异常情况，危及到组织或公众利益时，而采取有效手段解决问题的活动。这种异常情况是以突发性的形式出现的，如地震、交通事故、矿井倒塌、煤气泄漏、质量事故、重大伤害等。同时，因公众利益受到较大的伤害而产生的公共关系纠纷，如处理不当，也可引发公关危机。

在公共关系活动中，公共关系部门和人员必须坚持"预防为主"的方针。在广泛收集、整理、综合各方面信息的基础上，对可能发生的危机事件作出科学的预测，对可能产生的影响及事件的性质、规模、后果等作出客观的分析，根据实际情况与有关职能部门配合，共同制订出应付的对策、办法和措施，切实做好预防工作，将突发事件可能造成的危害消弭在萌芽状态。然而，由于公共关系危机具有突发性、无法预测性、严重危害性、舆论关注性等特征。因而，在处理危机事件时，应根据性质的不同，采取不同的处理措施。

(一)危机事件的处理

1. 调查情况，查清事故全貌

当事故一旦发生时，第一，公共关系人员应及时赶赴现场，收集现场信息，以便准确分析事故的原因，查清事故全貌。如果危机事件还在继续，应及时采取有效的控制措施，把损失减小到最低程度。第二，鉴别事故的种类、发生的时间、地点和原因及发现的时间。第三，查清事故的后果和影响，如人身的伤亡和严重程度，救治的医院，对附近单位、居民所造成损失的程度，以及这些后果将会造成什么社会影响。第四，在全面收集各方面资料的基础上，应认真分析，形成危机事件调查报告，提交组织的有关部门。

2. 隔离危机,防止蔓延扩大

在查清事故的同时,要迅速控制危机,防止危机蔓延扩大。隔离危机应从两方面入手。一是在危机事件中,防止因危机发生后出现的混乱局面,造成日常工作无人负责。要把组织人员进行合理分工,规定哪些人专门处理危机事件,哪些人专门负责日常工作。二是危机一旦发生,就有快速扩展的可能,若不采取有效的制止措施,就容易使整个组织形象彻底遭受破坏。因此,应立即对危机本身实施隔离。例如:高速公路发生汽车相撞事件,公路交通管理部门除了做好抢救伤员的工作以外,下一步应尽快排除故障,疏通线路,恢复通车。只要道路畅通,危机就基本被隔离,不会影响全局了。

3. 分析研究,实施处理对策

公关人员在隔离危机并提交危机事件的专题调查报告后,应及时会同有关部门进行分析、决策,针对不同公众建立相应的对策,制订和实施消除危机事件影响的处理方案。

(1)针对企业内部的对策。危机一旦出现,企业应及时组建危机处理领导小组,紧急制定处理危机事件的基本方针和基本对策,制定周密的善后服务措施,力求善后服务万无一失,以赢得公众的好感。同时还应制订妥善的公众宣传方案和与新闻公众保持联系的方式。制订挽回影响和完善组织形象的工作方案。

企业应针对危机事件引发的原因进行认真地反省,纠正自身存在的问题。如果出现因不合格产品引起的恶性事件,要立即组织检修队伍,包修包换。并通知销售部门停止销售此类产品,等待查清原因和提高质量,消除隐患。还要通过这类事件的处理,对全体员工进行教育,避免类似事故的再发生。

(2)针对受害公众的对策。危机事件必然会给公众带来不同程度的损失。因此,对受害公众应考虑物质赔偿与心理感化两方面。除了制订责任方面的承诺内容和对受害者赔偿方案,积极地采取一切办法,提供必要的设施和服务,做好抢救或善后工作外,还要听取受害者的意见,并把事实真相无保留地告诉受害者及其家属,接受受害者、公众和社会舆论的批评,真诚地公开致歉,以实际行动纠正失误。

(3)针对新闻界的对策。在危机期间,新闻媒介将自始至终关注、报道事件的发展和处理经过。为此,企业应做好与新闻界的联系沟通。企业应及时向新闻媒体公布事故的真相,告知事故的灾情和正在采取的对策。事故处理完毕,应向社会公布处理结果,必要时可通过报刊或电视登载广告和启事来公布事故处理经过以及今后的预防措施。

针对新闻媒体可能出现的失实报道,公共关系人员应冷静分析失实报道给企业带来的不利影响;查清失实报道的原因和细节,采取相应的措施进行应急处理;要向社会如实介绍企业的全面情况,及时回答公众的咨询,争取新闻界的理解、同情和支持,对失实的报道予以澄清、纠正,扭转不利于企业的舆论状态,对严重失实报道造成恶劣后果的,还可通过行政渠道和法律手段来维护本组织的形象和利益。实践证明,遇到这类危机,采取沉默的态度,或在其他报刊上登载反驳文章,都是不可取的。

(二)公共关系纠纷

公共关系一旦发生纠纷,公关部门应协助领导妥善地做好沟通协调工作,避免对本组织形象的损害。

1. 处理公共关系纠纷应遵循的原则

(1)实事求是。这是任何情况下都应当保持的基本态度。公共关系人员,要正确判断和理解导致产生纠纷的原因,绝不能粗枝大叶、以偏概全、主观武断,一定要以事实为依据,客观地评价纠纷的双方。

(2)学会“冷处理”。公共关系人员要特别掌握和控制自己对待纠纷的情绪和态度,绝不能头脑发热,感情用事。

(3)选择适当的行为方式和方法。适当的行为方式和方法会使纠纷得到妥善解决,并产生积极的结果。

(4)多听少说,积极行动。在处理公共关系纠纷的每一步骤,都需要多听少说。交流阶段是以事实为依据,也离不开认真地听取介绍。除此之外,需要不辞劳苦,用积极的行动、热情的态度去查明事实,解决纠纷。在公共关系纠纷处理中,积极诚恳的行动往往会收到缓解纠纷的作用。

2. 协调处理公共关系纠纷的步骤

(1)认真听取意见。公共关系纠纷产生后,公众或投诉,或来访,或通过新闻媒介,向企业提出批评,甚至诉诸法律。不管何种情况,也不管公众是否存在偏见,作为公共关系人员都要认真地听取意见。

(2)查清事实真相。发生纠纷的原因虽然是多种多样的,但总是由客观事实引起的,而事实又是多种因素构成的,人们对事实的理解和认识各有局限,因此查清事实是解决纠纷的关键。

(3)充分交流意见。在查清事实的基础上,与公众充分交流意见,求同存异,达成谅解。在与公众交流时,态度一定要诚恳,可以采取各种方式,如面对面交谈,或与公众代表交谈,或者通过新闻媒介表达。

(4)广泛了解公众的反应。在纠纷得到处理后,要广泛通过民意测验,调查公众对于解决纠纷问题的看法,了解公众对组织意见的反应,以便总结工作,进一步做好公共关系工作。

第二章　礼仪概论

中华民族是举世公认的“文明古国、礼仪之邦”，中国人民遵礼守仪，源远流长。礼仪作为在人类历史发展中逐渐形成并沉淀下来的一种文化，始终以某种精神的约束力支配每个人的行为。在现代社会中，礼仪是人们生活中必不可少的部分，是社会生产力发展带来的精神文明的象征，也是促进社会进步、创造良好的社会风尚的道德规范。本章通过礼仪概论的学习，使读者对礼仪的起源与发展、现代礼仪特征、原则和作用有一个基本的了解，以便在公共关系活动中树立良好的礼仪修养，自觉遵守礼仪礼节，更好地为现代化建设服务。

第一节　礼仪的起源与发展

一、礼仪的起源

现代思想家和哲学家认为礼仪起源于人类原始的信仰，而人类最初的信仰大多以图腾为对象。一种图腾，通常代表一个部落或部族，它既是血缘古今相系的象征，也是维护部落整齐有序、团结和谐的神祇，而这种图腾往往是人们内心世界对现实世界不理解而产生的恐惧或崇拜的具体反映。在原始社会，由于生产力水平十分低下，科学落后，人类处于一种愚昧状态，因而对日月、星辰、风雨、雷电等许多自然现象无法解释，在许多自然灾害面前感到束手无策。于是，人们就把生活中的得失和成败归之于自然，看成是自然的恩赐和惩罚，这就使人们把“天”谓之世间的最高主宰力量，对之顶礼膜拜，进行祭祀，以求得精神上的安慰，从而产生了最早的也是最简单的以祭天、敬神(当时称图腾)为主要内容的“礼”。随着人类生产、生活的需要，崇拜、祈祷名目增多，便形成了许多礼仪，表现最明显的如古代婚姻仪式中必须拜天、拜地、拜父母等。

荀子说“古者圣王以人之性恶，以为偏险而不正，悖乱而不治，是以为之起礼仪，制法度，以矫饰人之性情而导之也，使皆出于治，合于道也。”(《荀子·性恶》)。荀子是以其“性恶论”来解释礼仪的起源的。而司马迁根据抽象的人性或人的自然本性即“欲”来推究礼仪的起源，他说“礼由人起。人生有欲，欲而不得则不能无忿，忿而无度量则争，争则乱，先王恶其乱，故制礼仪以养人之欲，给人之求，使欲不穷于物，物不屈于欲，二者相待而长，是礼之所起也。”(《史记》)。

历史唯物主义者认为，礼仪是社会历史的产物，是人类脱离动物界并组成人类社会以后，在长期的社会实践中逐步形成的。礼仪体现的是人与人之间的关系，只有在社会中，在发生人与人之间关系，且只有当人脱离动物并意识到这种关系时，才会出现礼仪。礼仪是对个人与他人之间的关系的自觉认识和行为选择的结果，它只能在一定的社会交往关系中产生，并通过一定的社会交往关系表现出来。因此，礼仪起源于最初的人类交往，是人与人之间相互交往的结果，是人类社会历史活动的产物。

二、礼仪的沿革和发展

随着私有制、阶级和国家的出现，人类社会进入到奴隶社会，这是人类社会的一大进步。人类的文明程度也随之得到提高，原始社会时期的亲婚群婚、茹毛饮血等野蛮现象基本消失，各种礼仪制度相继建立。礼作为一种行为尺度和规则被打上阶级的烙印，礼仪也从主要的原始宗教仪式发展成为一整套的伦理道德观念。

夏商两代都有各自的礼。到了周代，为了限制诸侯僭越，以下犯上，制定了更详细的礼法。西周时代是我国古代历史上的礼治时代，礼的内容主要体现在《周礼》、《礼仪》和《礼记》中，其中《周礼》中的“五礼”(古、嘉、宾、军、凶)、“九仪”(受职、受服、受位、受器、赐则、赐官、赐国、作牧、作伯)是针对各种场面的礼仪制度。这些礼仪内容，对后世人们的行为规范、人际交往以及社会公德的形成，都产生了极大的影响。西周时代“三礼”的出现，标志着《周礼》已经达到了系统完备阶段。在这一时期，礼仪的特征，已从单纯祭祀天地、鬼神、祖先的形式，跨入了全面制约人们行为的领域。发生这一重大变革的根本原因，就在于社会生产力有了发展，人类社会已开始进入了奴隶社会。

春秋战国时期，以孔子、孟子、荀子为代表的学者更是系统地阐述了礼的起源、本质和功能。孔子是我国历史上第一位礼仪学专家。孔子曾说“不学礼，无以立”。他还积极投身于礼仪教育，以“诗、书、礼、乐教弟子，盖三千焉身通六艺者，七十有二人”。孟子也重视“礼”正如他所说“恻隐之心，仁也；羞恶之心，义也；恭敬之心，礼也；是非之心，智也。仁义礼智，非由外铄我也，我固有之矣，弗思耳矣。故曰：求则得之，舍则失之”。意思是说，“仁义礼智”这些礼仪道德不是人们受了外感而形成的，是人们本来就具有的。这显然是一种主观唯心主义的礼仪道德起源论。《荀子》道：“人无礼则不生，事无礼则不成，国无礼则不宁”。在荀子看来，礼是一种实践可行的东西，是人类清醒理智的历史产物，是社会用来维护政治秩序和规范人伦的客观需要。

到了封建社会，礼的演进进入了礼仪时期，而且礼仪制度亦具有了新的特点，即被打上了严格的等级制度的烙印，其主要作用是维护封建社会的等级秩序。

西汉初期制订封建礼仪最知名的是叔孙通和董仲舒。叔孙通向刘邦建议制订的朝仪之礼，突出了适应封建社会制度的特点，突出了尊君抑臣以及区分尊卑等级序列的要旨。董仲舒向汉武帝刘彻提出“兴学、求贤”、“罢黜百家、独尊儒术”的建议。为了巩固儒家所推崇的礼仪，他进而提出了“天人感应”之说。其主要思想是，皇帝受命于天，“天不变、道亦不变”并把这种道具体为“三纲五常”。所谓“三纲”，就是君为臣纲、父为子纲、夫为妻纲；所谓“五常”，就是仁、义、礼、智、信。“天人感应”的理论把封建统治尤其是皇帝的权力神化了。谁要是反对皇帝，谁就是反对“天”，就是大逆不道。从此以后，神权、君权、父权、夫权构成一体，又经历了封建王朝的不断补充和翻新，使儒家封建礼教形成定制，对巩固封建统治起到了特殊作用。

宋代的礼仪在封建体制下又有了新的发展，并形成了封建礼教的又一高峰，出现了程颢、朱熹的理学，即“天理论”。这一理论认为，自然界天地万物无不体现天理，人性本质就是天理的体现。此后，理学的发展，不仅使礼教成为封建社会的正统思想，而且还向中国社会的基本单位——家庭迅速渗透，进而有了“三从”、“四德”(“三从”是指“在家从父，出嫁从夫，夫死从子”；“四德”是指：妇德——一切言行都要符合忠、孝、节义；妇言——说话要小心谨慎；妇容——容貌打扮要整齐美观；妇功——要把侍奉公婆和丈夫当作最重要的事情来做)。这些的礼仪道德标准，使宋代的家礼兴盛起来。

明代时期大力推崇礼教，使礼仪之风盛行，并制定了祭祖、祭天、祈年等仪式仪程，规范了“君臣之礼”、“尊卑之礼”、“交友之礼”等社会活动，而且使家礼向深层发展，形成了诸如“忠、贞、节、烈、孝”等各种名目的礼，从而使礼仪日臻完美起来。

总之，封建社会所形成的各种礼仪，就是要把人们的行为纳入封建道德的轨道，要人们追求修身之道，听命于统治阶级的治人之政，以求得封建统治阶级的天下太平，把人们教化成“非礼勿视，非礼勿听，非礼勿言，非礼勿动”的精神奴隶，以维护封建统治和宗法制度，巩固封建秩序。

辛亥革命的胜利，结束了统治中国两千多年的封建专制制度。政治制度发生了根本的变革，新的礼仪礼俗也就随之出现。于是，人们掀起了改革封建礼教的热潮，强烈要求革除封建社会的种种陈规陋习，又采取了一系列废除旧礼仪的措施，如剪除长辫、禁止缠足、保障人权、严禁鸦片、改变称呼、废止跪拜礼等。同时，还拟订了新的国家礼制和民间礼制，实行了新礼仪，如鞠躬、请安、握手、鼓掌等。

这一时期的礼仪，体现了近代民主、自由、平等的原则。因此，资产阶级的平等思想、文化习俗和审美观念，开始渗透到社会生活中的各个方面，人们的思想得到了解放，积极地提倡新的习俗、新的礼仪。

新中国成立后，新型的社会关系和人际关系的确立，标志着我国礼仪进入了一个崭新的历史时期。人民当家作主而成为国家的主人，由此而建立起来的平等、亲密的同志关系和新的礼仪风范，反映了崭新的社会关系和时代风貌。党和政府积极开展思想、文化斗争，破除迷信观念，改掉陋习，如吸毒、赌博、卖淫、嫖娼、纳妾、封建迷信等。同时，全民开展移风易俗活动，改革红白喜事，反对大操大办；反对买卖、包办婚姻，打击拐卖妇女儿童、虐待老人、遗弃女婴等行为；提倡婚事新办、计划生育、火葬等。

随着社会体制的变革，自然需要新的礼仪形式与之相适应，现代社会生活的运转和传播媒介的使用，也必然冲击着陈旧落后的礼仪。经济体制的改革，标志着我国礼仪制度、民俗文化的完善与改革，进入了一个崭新的发展阶段。特别是我国在建设社会主义物质文明的同时，明确提出的“建设社会主义精神文明”这一科学命题，给现代礼仪赋予了全新的时代精神。目前，在我国全面建设小康社会，加快改革开放和现代化建设的步伐中，贯彻公民道德建设实施纲要，在全社会大力倡导“爱国守法、明礼诚信、团结友善、勤俭自强、敬业奉献”的基本道德规范。以开展的社会公德、职业道德、家庭美德的“三德”教育和“五讲、四美”、“改陋习、树新风”为主要内容的文明礼貌活动，努力提高公民道德素养，提升全民族的综合素质，全面推进社会主义精神文明建设。

改革开放以来，随着国际交往日益频繁，外国形形色色的价值观念和生活方式随之传入我国，兼收并蓄吸收世界上一切国家的先进文明礼仪，也成为我国现代礼仪的组成部分。如现代商界的招待会、洽谈会等活动，大都是按国际上通行的礼仪进行的。

总之，从礼仪产生和发展的轨迹可以看出：礼仪作为人们的行为模式和规范，属于社会的上层建筑，由社会的经济基础所决定，并随着经济基础的变化而变化，随着社会实践的发展而不断地丰富和发展。在任何一个阶级社会里，占有统治地位的礼仪思想和制度总是那个社会统治阶级思想和意志的体现，是为统治阶级服务的工具。而现代礼仪无疑已经有了质的飞跃性进步，它最终由社会的物质生活条件所决定，并且将以特有的方式对社会的发展起着越来越重要的作用。

第二节　现代礼仪的概念、特征、原则和作用

一、现代礼仪的概念

(一)礼仪的概念及主要表现形式

要真正理解现代礼仪的概念，首先要弄清“礼”、“礼貌”、“礼节”、“仪式”、“礼仪”等基本概念。

1. 礼

从礼仪的起源可以看出，“礼”的最初含义就是供神的仪式。以后，逐步引申，礼就成为古代社会的一种制度。“礼”有多重含义，有礼貌之礼、礼节之礼、伦理制度之礼等，而礼制、礼教、礼治则是从不同方面来表达礼的内容和功能的。

礼在中国是一种重要的文化形态，是人类文化发展的历史产物，也是人类文明的结晶和标志。它既是一种价值观，又是一种以礼节仪式为内容的风俗习惯。中国几千年延续下来的风俗习惯，大都是以礼为核心，人们从出生、成人、结婚到死亡，都要举行一些特殊的礼仪作为纪念；在节日、出访、邀请、会客、宴会、告别等每一项活动中，也都有特殊的礼节要求。每一个时代的仪式和礼节，都会有所变化。但是，它们所蕴含的基本精神，即相互尊重、信任、依赖、友善，却是一致的。随着历史的发展，在很多场合，“礼”已成了“礼貌”、“礼节”、“礼仪”的代名词。

2. 礼貌

礼貌，是指人们在交往中，表示相互敬重和友好的行为规范。它既能体现出时代风尚和人们的道德观念，又能体现出人们的精神面貌和文明程度。

礼貌是待人接物时的外在表现，它通过言谈、表情、姿势等形式，来表示对他人的敬重。礼貌由两部分组成，即礼貌行为和礼貌语言。礼貌行为是一种无声的语言，需要通过仪表、仪容、仪态来体现；礼貌语言是一种有声的语言，要求人们不讲脏话、粗话，说话和气，言谈得体。在人们交往时讲究礼貌，不仅有助于建立相互尊重，友好合作的关系，还可以缓解或避免某些不必要的冲突。礼貌看起来是生活中的小事，但从小事上却能看出一个人的教养，反映出一个人内心世界的美。

3. 礼节

礼节，是指人们在日常生活中尤其是在交际场合，表示相互问候、致意、致谢、祝颂、慰问以及给予必要的协助与照料的惯用形式。一般来说，礼节产生于礼仪之前。人们从最初单调的、简单的交往礼节开始，逐步发展和形成一种约定俗成的规矩，即礼节程序。所以，礼节是礼仪的基础，礼仪是程序化的礼节。礼节是礼貌的具体表现，体现在仪表、仪容、仪态及语言、行为等方面，其实质是礼貌本质的外化。礼貌概括了礼节所要求的全部道德规范。

4. 仪式

仪式是指在比较大的场合举行的、具有专门规定的程序规范化的活动。在中国古代，仪式的应用范围很广。凡是重大活动，如帝王上朝，官员升堂或出行，以及祭祀鬼神、庆祝节日等，都要举行各种仪式。人们通过仪式，可以表达一定的思想、情感或愿望。例如，上朝或出行仪式是帝王或官员希望通过这种仪式来显示其威风，祭祀鬼神仪式是人们通过这种仪式向鬼神表达敬意。近代以来，仪式的应用范围逐步缩小，主要应用于重大的庆祝活动以及国际交往等。人与人之间交往的礼节，也趋向于简单，灵活和实用。这是人与人之间关系趋向平等的体

现,也是社会进步和文明的体现。

5. 礼仪

礼仪的含义很广。在中国古代社会,礼仪既包含一般行为规范,又涵盖政治、法律制度。近代以后,礼仪的范畴逐渐缩小,礼仪与政治体制、法律典章,行政区划、伦理道德等逐步分离。到了现代,礼仪一般只有礼节和仪式的意思,只是指现代社会中反映的一定规则、习俗和程序,表示礼貌,敬重的礼节和仪式。

(二)现代礼仪的概念

现代礼仪,是指现代人们在社会交往中,共同遵循的行为准则和规范。它既可以单指为表示敬意而隆重举行的某种仪式,又可以泛指人们交往的礼节、礼貌。对"现代礼仪"这一概念,需要从以下几个方面认识和理解。

(1)现代礼仪是人类社会交往和社会发展的需要,社会交往是人类共有的最基本的心理需要,是人类实践活动的重要组成部分。没有社会交往,就没有社会的发展和进步。

(2)现代礼仪的目的是为了建立和发展良好和谐的社会交往关系,现代礼仪是人类精神文明的重要体现。

(3)现代礼仪作为社会交往中的行为准则和规范,是由人们共同认可的。人们要自觉学习和遵守现代礼仪,按章办事。任何胡作非为,为所欲为的行为,都是违背现代礼仪要求的。

(4)现代礼仪是一种情感互通的过程。在礼仪的实施过程中,交往双方都要表现出对对方的尊重、恭敬、友好、谦和、诚恳、平和,这是尊重互换,情感互通的过程。

(5)现代礼仪的表现形式,既可以表现在仪式方面,也可以表现在礼貌、礼节方面。但是,无论哪一个方面,都离不开仪表仪容、语言(包括书面语言和口头语言)、仪态三要素。仪表仪容、语言和仪态既是现代礼仪构成的三要素,也是现代礼仪的基本表现形式。

(6)遵守现代礼仪是现代人实现自身价值的重要手段和途径。在现代社会,人们只有通过讲究礼仪,才能建立良好的合作关系,才能得到帮助和被群体接纳。个人的能力、才华、业绩、成就和形象,才能得到社会的认可和好的评价。

二、现代礼仪的特征

现代礼仪以科学精神、民主思想和现代现实生活为基础,以新颖、实用、简单、灵活的形式,体现出高效率、快节奏的时代特点,表现出全新的社会关系和社会风貌。现代礼仪具有以下具体特征。

(一)规范性和普遍性

礼仪是一种规范,礼仪规范的形成不是人们主观臆造、抽象思维的结果,而是人们在生产、生活实践活动中所产生的人与人之间关系、人与自然关系的结果。首先,在长期生产实践活动中,由于人们对自然的认识具有某种恐惧性和膜拜性,这种恐惧和膜拜转化为各种祈安求福的仪式,并长期流传下来,而成为一种习惯、约束,从而形成一定的礼仪。其次,礼仪是一定社会或一定阶级的共同生活对人们的社会行为提出的要求。这种要求进行长期实践并通过一定的思想将其集中概括起来,用于人们的生活实践,便形成人们普遍遵循的行为准则。这种行为准则和规范支配着人们的社会行为,若遵循这些准则便会合乎礼仪,否则便是失礼。最后,从社交礼仪的形成来看,它并不是单个或几个人形成的,而是人们共同生活实践的结果。其准则约束对象也不是单个或几个人,而是一定范围内共同生活的人们。因此,社交礼仪具有规范性和普遍性。

（二）民族性和差异性

礼仪的民族性集中体现了一个民族的心理、文化和习惯，反映了一个民族的文明、智慧和社会风尚。不同民族的缘起背景不尽相同，人们在共同生活实践中，对自然的认知也不尽相同，一定社会或一定阶级对社会行为准则的要求也不尽相同。每个民族都有自己本民族的生息地域、经济活动方式、风俗文化和心理素质等，这样，不同民族就形成了不同的礼仪。同时，礼仪作为一种约定俗成的行为规范，其运用要受到时间、地点、环境的约束，同一礼仪在施行时会因场合、对象的不同而发生变化。古代的某些礼仪规范在今天就不一定适合。不仅如此，由于人们地位、文化素养、经历、资质等方面存在着个体差异。因此，不同的人在礼仪行为方面，往往会表现出一定的差异性。

（三）多样性和通用性

礼仪是一种规范，它广泛涉及不同的领域，如军队有军队的礼仪，商场有商场的礼仪，这些都反映出社交礼仪具有多样性的特征。同时，礼仪在发展中受到共同的社会交往规律和社会生活属性的制约，不同地区、不同民族的礼仪，具有许多相近因素和融合、同化的趋势，这也是现代礼仪的重要特征之一。因而，每一个国家或地区、民族的礼仪，在文化传播和融合的过程中，地区性、民族化的礼仪，将会逐渐转化为全国性、国际化的礼仪。随着信息传播和社会交往的增加，礼仪的地方性将会相对减弱，通用性将会越来越强。

（四）继承性和发展性

礼仪作为历史文化发展的产物，代代相传，从未中断。现代礼仪正是从传统礼仪珍贵的精神遗产中，去其糟粕，取其精华，在实践中逐步形成和发展起来的。随着现代社会日新月异的发展，礼仪也随着社会的进步而进步，如由于电子通信技术的发展，使得人们在节日表达问候时，可采用电话网络、短信等致意的方式等。因而，礼仪具有发展性。

（五）社会性和时代性

礼仪作为一种文化形态，有着广泛的社会性。礼仪贯穿整个人类的发展过程，只要存在人与人之间的交往，就存在社交礼仪。此外，礼仪还具有时代性，它随着时代的发展而发展。目前，现代礼仪已渗透到社会生活中的各个方面，反映了市场经济时代的政治、经济、文化、道德等各个方面的面貌。现代礼仪的时代性，主要体现在等级性、对等性和价值性三个方面。

1．等级性

等级性表现在对不同身份、不同地位的人，在礼宾待遇方面作出不同的规定。但是，这种规定并不意味着尊卑贵贱，而是服从现代社会控制体系和正常交往秩序的体现，是工作需要和礼仪需要相互融合统一的结果，人与人之间关系的本质并没有改变。

2．对等性

对等性是礼仪的基本原则，也是现代社会规范建立在民主和平等原则基础上的具体体现。对等性既是规格形式上的对等，又是形式与实质、精神与物质的平衡和统一。

3．价值性

价值性是指现代礼仪能为个人或单位带来经济效益，这种效益不是直接的物质利益，也不是立竿见影就能实现的，而是需要通过长期的努力才能实现的。现代社会又称“信息社会”，信息社会的显著标志是开放度高、社会交往频繁多变。特别是在市场经济条件下，经常变换公众对象，常常会因为一个小小的疏忽而导致不良后果。因此，在所有显在或潜在的公众对象面前，都要严格按照现代礼仪的基本要求，去规范自己的言谈举止，守礼节，讲礼貌，以便树立良好的形象，获得公众的信任和赞许。这样，社会效益和经济效益就会逐步显现出来。

三、现代礼仪的原则

文明社会给人们造就一种安定、和谐的气氛，使人们生活得心情舒畅，这是因为人们都注意遵守交往的基本礼仪准则。在不同的时间和场合，针对不同的对象，人们所采取的礼仪都有所不同。但其中隐含的基本精神是一致的，即遵守公德、诚实守信、宽容为怀、相互尊重、注重技巧的原则。

（一）遵守公德

礼仪如不同崇高的道德准则相联系，便不能实现其自身的主要目的——促进人们相互尊重。讲究礼仪是人们交往中互相尊重、联络感情、增进友谊的行为，也是一种公德。礼仪的简易化、人情化越为人们所接受，其对社会人际交往行为的渗透就越深入，且对道德修养的依赖性也就越强。“言为心声、行为心表”是人所共知的。礼仪如果不以社会公德为基础，不以个人的文化素质、品质修养为内涵，而只在形式上下工夫则必定事与愿违。

（二）诚实守信

诚实守信是人与人相处的基本态度。诚实是一个人外在行为与内在道德的有机统一；守信是指在交往中要讲真话，遵守诺言。诚实守信历来是中华民族的传统美德。在人际交往中，首先必须做到诚心待人、心口如一。待人真诚的人会很快得到别人的信任，而与人交往时表里不一、口是心非，缺乏真诚的人，即使在礼仪方面做得无可指责，最终还是不会取得别人的信任。其次，要遵守“信用”二字，言必行、行必果，是交际过程中的一条基本原则。在交际活动中，要做到守时守约，说到做到；要讲究信誉，真实可靠；要言行一致，取信于人。

（三）宽容为怀

所谓宽容指心胸宽广，忍耐性强。“海纳百川，有容乃大”。一个有着宽阔胸怀的人往往能做到宽容别人，易于博得他人的爱戴和敬重。在人与人的社会交往中，由于立场、观点、思想方法及其他方面的原因，会出现这样那样的不尽如人意的事情。其结果会造成心胸狭隘、嫉妒心强、猜疑心重的恶劣心态，这些都不利于开展礼仪工作和交往活动。必须克服这种不健康的心态，强调心胸开阔、雍容大度、心平气和、谦逊自爱；多理解、少猜疑，宽以待人；大事清楚，小事糊涂。

（四）相互尊重

在交往中讲究礼仪，是为了表达对别人的尊重。人们都有满足物质生活的需要，但更有获得尊重的期望，而且人们一般对尊重自己的人有一种天然的亲和力和认同感。所谓尊重原则，首先是在自尊、自爱的同时，尊重他人的人格、劳动和价值，以平等的身份同他人交往。其次是尊重他人的爱好和感情，而不应强求他人按自己的爱好和志趣来生活、行事。俗语道：“你敬我一尺，我敬你一丈。”你尊重别人，别人自然会尊重你。你不尊重别人，你也就不会被别人所尊重。

（五）注重技巧

要获得社交的成功，必须讲究礼仪，明晰交往中的基本礼貌、礼节等，把握其中的技巧和艺术，以增进交际双方的友谊，交流思想，加深感情。在社交中，无论是见面时的称呼、介绍，还是相互间的交谈等，都要遵循一定的礼节，恰到好处地营造出交际中友好、亲切、和谐的气氛。要做到不失礼，必须顾及各种技巧、表现方式和表现手段。采取灵活多样、新鲜生动的交际方式和交际技巧，在社交中会起到事半功倍的效果。

四、现代礼仪的作用

(一)有利于社会主义市场经济建设

社会主义市场经济体制的确立,使市场体系发生了根本的转变,形成了市场主体多元化、经济利益多极化、市场竞争激烈化的格局。各市场主体为了不同的经济目的,使用的经济手段已经越来越多。现代礼仪作为其中的一个重要手段,并在经济建设中发挥着重要的作用:

1. 有助于塑造良好的公众形象

所谓形象,就是双方在对方心目中形成的综合化、系统化印象。它的形成大多数是通过礼仪来传递的,并且直接影响着交往双方关系的融洽与否和交际的成败。在社会活动中,约会、介绍、握手、问候、告别等,都有诸多礼仪。如着装的方式,打电话的态度,写信的言辞,招呼人的用语,交际场合的举止等,都会传递出各种相关信息,同时也无不影响着自身形象。形象不好也就无从谈起建立友谊和信任,实际工作中就得不到公众和社会的认可。因此,礼仪对于表达感情,增进了解和树立形象来说,都是必不可少的。

2. 有助于协调各方的经济利益与矛盾

在市场经济竞争中,市场主体都要追求和维护自己的经济利益,因此他们之间就难免发生经济矛盾和纠纷,有时甚至达到不可调和的地步。如果诉诸法律,无论胜败,都不会高兴,因为至少双方在声誉上都要受到影响。如果采用现代礼仪手段去协调,本着互谅互让、协商解决的原则,通过摆事实,讲道理,分清当事人之间的是非曲直,以及相互的责任,从而找到一个双方都能接受的解决问题的办法,就有可能不伤和气地加以解决。因此,现代礼仪是化解市场主体之间矛盾的一种有效手段。

3. 有助于协调经济实体内部的各种关系,增加内部凝聚力

现代礼仪具有的润滑、黏合和催化作用,有助于协调人际关系。通过企业领导与员工之间的双向信息交流,以加强相互间的了解,尽量缩小企业内部各层次员工的心理距离,增强友好气氛,以达到增进彼此感情的目的。人与人之间的感情增强了,企业的“人和”环境就能形成,企业内部的凝聚力就会增强,人们为了实现企业的目标就会协调一致地去完成各自的任务。

(二)有利于社会主义精神文明建设

礼仪是构成社会主义精神文明的基本要素,也是一个人公共道德修养的外在表现。礼仪不仅反映出社会的精神面貌和文明程度,还可以形成一种具有约束力的道德力量,使每个人将自己的言行纳入符合社会期望和时代要求的礼的轨道,并按着社会需要和社会效益来调整自己的言行。物质文明建设需要一个文明知礼的生活环境,要求人们成为有道德、有修养、有文化、有学识、懂得遵守并维护社会公德的人。因此,我们每个人都要加强自身的道德修养,遵守社会公德,用礼仪、礼节、礼貌来造就良好的社会秩序和社会风气,抛弃有碍于社会文明和民族文明的陋习,选择适合于社会风尚的言行,做现代文明人,用礼仪文化促进社会文明的发展。

(三)有利于对外开放,加强国际交往

尊重国际礼仪和交际礼节,尊重各国人民的风俗习惯,是我国对外活动的一贯做法。它反映了我国维护世界和平,加强国际友好合作的真诚愿望。随着我国对外开放的进一步扩大,国际交往越来越频繁,礼仪,尤其是涉外礼仪尤为重要。这就要求我们,既要继承和发扬我国优良的礼仪传统,保持礼节与礼仪的民族特色,又要吸收外国礼仪中一些好的东西和一系列国际通行惯例,为我所用。既要不断有所创新,又要尊重各国因不同的文化传统和道德规范形成的风俗习惯。

第三节　现代礼仪的理论基础

一、传统礼仪的理论基础

在漫长的中国历史上，许多哲学家、思想家都曾对礼仪作过较深的探讨和研究，形成了许多专门论述礼仪的著作和极有价值的思想。随着经济的发展，历史的演变和社交实践的变革，这些思想在内容上不断丰富，逐步形成了较为完整的理论体系。这就是以“德”释礼、以“仁”释礼、以“义”释礼的传统礼仪理论体系。

（一）以“德”释礼

以“德”释礼，就是将礼仪伦理道德化，从人性上立论，用伦理道德阐释礼仪。儒家把礼与人性联系起来，特别重视人的心性修养，并在礼仪行为中提出“中诚为本”的理论。即“中”是人道，“诚”是天道。

所谓“中”，就是处理人际关系的“中庸”或“中和”原则。以“中”为用，在人和人的差别与矛盾面前，要取其“中”而调和之。但是，“中和”并不是不讲原则，而是按照当时的实际情况，找出双方的交叉点、结合处，提出适当的解决办法，使矛盾得以圆满解决。在人际关系中，“中和”具体表现为“礼”。“礼”是人际关系中最公平中正的表现形式，所以，人人都必须约之以礼、守之以礼、行之以礼。

所谓“诚”，就是以诚实的心态处世待人，诚实无妄才是礼的最高境界。“精诚所至，金石为开。”有了“诚”，人际间和谐有序的关系，便充满了融融温情，从而形成一种极强的凝聚力。这就明确指出了“礼”与“情”的一致性，强调了礼的表情作用。从这里，也打开了个人心性修养的道路。即“先修身而后齐家，而后治国平天下。”以这种伦理道德化的礼仪修身，则谦恭礼让，文质彬彬；以之齐家，则尊老爱幼，融洽和美；以之治国，则和谐有序，国泰民安；以之交结天下，则睦邻友好，和平相处。“不学礼，无以立”。所以，崇德尚礼是中华民族的优良传统。

（二）以“仁”释礼

以“仁”释礼，也是把礼归于人性，归于仁爱之心、辞让之心，把“仁”当作“礼”的心理依据。

儒家极力推崇孔子提出的“克己复礼”。克己以爱人就是“仁”，用仁爱之心正确而恰当地处理好人际关系就是“礼”。孟子则提出“性善论”，即人天生具有恻隐之心、羞恶之心、辞让之心、是非之心。而恻隐之心，为“仁之端”；羞恶之心，乃“义之端”；辞让之心，就是“礼之端也”。这就从人的本性上找到了礼的心理依据。因此，主张“老吾老以及人之老，幼吾幼以及人之幼”。《礼记》中强调：“往而不来，非礼也；来而不往，亦非礼也”。《礼记》还规定：“不失足于人，不失色于人，不失口于人”。这样，人和人交往只要循礼而行，就会使人与人之间温馨和美、情深谊厚。

（三）以“义”释礼

以“义”释礼，就是以“义”的价值标准来判断人的行为是否符合“礼”的规范，主张必须以“义”为价值准绳，以“义”为立身之本，“君子喻于义”、“君子以义为上”。

孟子说：“义，人之正路也”。荀子也把“义”置于首要地位，“先义而后利者荣，先利而后义者辱”，“义者，宜也”。这也就是说，言行举止一定要与礼相吻合，只有如此，才能达到价值判断意义上的“善”的要求；否则，“动之不以礼；未善也”。

以上主要是儒家关于礼仪的理论体系。由于它具有极强的生命力，因此，仁爱、孝敬、友善、诚信、平和等伦理道德，以及由此而派生出来的礼仪准则，至今还在我国沿袭着。

二、现代礼仪的理论基础

在现代礼仪的理论体系中，既包含了传统礼仪理论的精华，又吸收了伦理学、心理学、美学、社会学、传播学等相关学科的研究成果，从而形成了自己的理论体系。

（一）现代礼仪与伦理学

现代礼仪从属于伦理道德，即现代礼仪必须符合伦理道德的准则和规范。因此，礼仪与道德是不可分的。

道德是伦理学研究的对象，借鉴和吸取伦理学的研究成果，对于丰富和完善现代礼仪理论体系，具有重大的意义。道德是人们共同生活和行为的准则和规范，是社会意识形态的一种表现形式；礼仪则是社会道德的一种载体，是人生道德的具体化。一个人的礼仪修养水平，常常受其道德修养水平的制约。因此，加强道德修养，有利于提高礼仪修养水平。

加强道德修养的过程，一般包括下列四个阶段：

第一，学习和把握社会道德原则及其规范。

第二，选择和树立理想人格作为自己修养的楷模。

第三，运用自我批评的方法，剖析和纠正自己的错误和缺点，使正确的思想在头脑中取得支配地位，培养起新的道德情感和道德信念。

第四，结合自己的生活实践，工作实践和社会实践，对照检查自己的言行，正确认识和评价自己的优缺点；并把正确的认识付诸实践，用来指导自己的言行，逐步形成新的道德品质和道德习惯。

加强道德修养的方法是多种多样的，实事求是、谦虚谨慎、以诚待人、以信取人、勤奋好学、助人为乐等，都是行之有效的方法，只有顺应社会发展的要求，明辨是非、弃恶扬善、以理处事、以理待人，才能形成高尚的道德品质。

由此可见，现代礼仪与伦理道德在目标上是一致的，即培养有高尚道德品质的社会主义新人。在方法上是相互渗透、相互吸收的。现代礼仪要有符合人们思想和行为活动规律的科学、方法。而伦理道德体系与道德意识形态又有着密切的联系。

（二）现代礼仪与心理学

心理学，是研究和探索人的心理的发生、发展及其规律的学科。它的基本内容可以划分为心理过程和个性心理特征两个方面。现代礼仪是同人打交道的。同人打交道首先要了解人，了解人的心理活动规律，这是人与人相互交往的一个重要方面。因此，了解心理学的一般知识，对现代礼仪正确运用心理学丰富自己的内容，完善自己的学科体系，具有极其重要的意义。从心理学角度上来看，现代礼仪的施行过程，实际上就是交往双方彼此认识、心理交流和互为影响的过程。在礼仪施行过程中，常见的心理状态，主要有以下几种：

(1)稳定心理。即交际者情绪稳定、心态平静、神情自若、言行规范，很有分寸感。

(2)自信心理。即交际者情绪饱满、信心十足、应对自如、适度得体，很有自豪感。

(3)自卑心理。即交际者缺乏自信、害怕失败、言行畏缩、举止拘谨，缺少进取感。

(4)恐惧心理。即交际者期期艾艾、惶惶恐恐、笨拙呆板、慌乱失态，常有窘迫感。

(5)自傲心理。即交际者狂妄自大、自命不凡、哗众取宠、粗俗无礼，常有过分的自我显示欲。

(6)羞怯心理。即交际者内向文静、胆怯害羞、词不达意、手足无措、缺乏主动性。

(7)嫉妒心理。即交际者心胸狭窄、妒忌心强、猜疑讥讽,极具伤害性。

(8)对立心理。即交际者面带敌意、情绪激愤、言辞激烈、动作粗暴,行为常具爆发性和攻击性。

以上心理状态,既有积极的,也有消极的。为了有效地施行礼仪,必须重视培养良好的心理素质,排除消极的礼仪心理,形成积极的礼仪心理。

(三)现代礼仪与美学

美学,是研究现实中美的对象,人对世界审美认识的特点和审美心理规律,以及按照美的规律进行艺术创作,艺术欣赏、艺术批评的一般原则的学科。

现代礼仪要求人们用一系列的行为道德规范,去支配自己的言行,做到心灵美与外在美的统一。因此,借鉴和运用美学原理,可以美化生活,美化环境,美化人与人之间的关系。使人们的心灵更加纯洁,情操更加高尚,从而进一步净化社会风气,提高现代礼仪的实效性。

美是世界中客观存在的社会现象,美、真、善更是现代礼仪的精髓和核心。美学的内容十分广泛,包括人体美学、文学美学、音乐美学、商品美学、自然美学、社会美学、艺术美学和形式美学等。因此,我们应对美的本质、美的追求、美如何才能在生活中驻留等形成完整的认识,确立对人的形体美、容貌美、心灵美、行为美、语言美等正确的看法,对生活的美、环境的美、艺术的美、情感的美等准确地鉴赏和把握,按照美的规律,运用现代礼仪逐步创造出一种美的生存和交往环境,从而陶冶人们的情操,提高人们的审美情趣。

三、公关礼仪与公共关系

公关礼仪是礼仪的一个重要分支,就是指公关人员代表本组织在公众交往的过程中,所应具有的合乎社交规范和道德规范的礼节、礼貌、礼仪。它包含于一般礼仪中,但又具有鲜明的个性。公关礼仪与公共关系一样,是现代社会发展的产物,同时又推动现代社会的发展。

公共关系的职能之一是塑造组织形象。公共关系人员常常要代表组织参加社会交际活动,与从事其他工作岗位的人员相比,公共关系人员涉及礼仪要求的场合最多最频繁。因此,礼仪对于公共关系人员和公共关系工作就显得特别重要。公共关系人员应当成为礼仪教育的使者和礼仪规范的楷模。

公共关系是一种信息传递活动,人们通过礼仪、礼节的形式和礼貌的语言,将信息的一部分传达给对方。而另一部分则是靠仪表、态度、气质、风度等化为信息传递给对方。只有两者同步,相辅相成,才能使发出者的信息构成一个良好的、完整统一的形象。

公共关系人员的整体形象美,美在坦诚,美在自然、美在无瑕。但其中最美的是懂礼、讲礼。有礼则美,不懂礼节、没有礼貌的人,无论其外表如何漂亮,都不会给人留下美好的印象。所以,公共关系人员要成为礼仪的使者和楷模,就应当具有整洁端庄的外表、自然大方的态度、委婉动听的谈吐、周到得体的礼节和亲切友好的服务。

第三章 公关礼仪

第一节 公关人员的仪表、仪容、仪态

一、气质与风度

(一)气质

气质是指人相对稳定的个性特点、风格和气度,如爽快、沉静、活泼、浮躁、抑郁等,是人的心理行为所表现出来的动力特点。通俗地说,人所具有的气质就是人们平常所说的脾气或秉性。心理学家把人的气质分为四种类型,即胆汁质、多血质、黏液质和抑郁质。

胆汁质的人,大多精力旺盛、热情直爽,心境变化剧烈,易冲动、脾气暴躁,反应速度快,但往往粗枝大叶,具有明显的外倾性格。

多血质的人,大多活泼好动、热诚、敏感、行动敏捷、情感丰富而外露,善于适应环境,但又易于轻举妄动,做事缺乏耐力。

黏液质的人,大多沉着稳重,情感呆板而持久,有时表现为迟钝、冷淡、寡言少语。但忍耐性较强,感情含蓄不外露,具有明显的内倾性格。

抑郁质的人,大多多愁善感,感情脆弱,处处认真细致,但性情孤僻、忧郁,情绪持久而深刻,内心体验细致而不外露,感情变化难以觉察。

人的气质具有先天的特性,但它并不是一成不变的,公关人员首先要坚信自身气质是可以培养造就的。其次要充分认识自我气质的类型,深刻地分析自我气质的特性,发展积极的品质,限制消极的品质,扬长避短,择优互补,以完善和优化自身的气质。

公关人员的气质需要文雅情趣的建立,文明举止的培养,特别是文化素养的提高。实践证明,一个人的文化素养越高,就越容易观察并吸收各类气质的长处,用来丰富和完善自我,并在他身上集中显现出各种气质的优点,从而使气质的特征更为突出,更为丰满。

(二)风度

风度是一个人的外在与内在、形象与精神和谐统一的心理反映,是人的身段、步态、眼神表情、言谈举止、着装打扮、气质性格、涵养品德、风格风貌的总和,是精神状态、形象举止、文化修养的集中表现。

公关人员的风度体现在丰富渊博的学识、温文尔雅的谈吐、热情开放的性格、广阔豁达的胸怀、潇洒自如的举止、彬彬有礼的态度,以及高尚的品德、文明的作风、广泛的兴趣和爱好、出色的交际能力和应变能力。

一名优秀的公关人员在交际中应努力树立多情而不轻浮、端庄而不呆板、稳重而不迟钝、洒脱而不做作的交际形象,同时还应踏实、坚强、活泼、敏感。这样才会蕴藏着一股磁铁般的人际吸引力,深得公众的青睐,从而使他们与公众的关系趋于稳定和亲密。

二、仪表、仪容和仪态

(一)什么是仪表、仪容和仪态

仪表指人的外表,包括人的体形、容貌、健康状况、姿态、举止、服饰等方面。古人对仪表的理解,不仅涵盖了仪容、仪态,还包括了与之相对应的某些内在素质。《管子·形势解》中"法度者,万民之仪表也。"在这里仪表所指是表率。《宋史·杨承信传》中"承信身长八尺,善持论,且多艺能。"这里的仪表指外表、容貌。

仪容,多指一个人的容貌,当然这个容貌可以经人工按照社会的审美观念进行修饰以后的容貌。

仪态,又称姿态、仪姿,泛指人们的身体所呈现出来的各种姿势或造型。具体来讲,人们的仪态又分别表现为动作、表情与相对静止的体态。

仪表、仪容和仪态构成了人的仪表美。仪表美是一个人内在气质和外在形象的综合表现,包含着三个层次的含义:

(1)仪表美是人的容貌、体形、体态的协调优美,如体格健美匀称,五官端正秀丽,身体各部位比例协调,线条优美和谐,这些先天的生理因素是仪表美的基本条件。

(2)仪表美是经过修饰打扮以及后天环境的影响形成的美。天生丽质这种幸运并不是每个人都能够拥有的,而仪表美却是每个人都可以去追求和塑造的,即使天生丽质,也需要用一定的形式去表现。无论一个人的先天条件如何,都可以通过化妆、服饰、外形设计等方式使自己具有仪表美。

(3)仪表美是一个淳朴高尚的内心世界和蓬勃向上的生命活力的外在体现,是内在美的一种自然展示。一个人如果没有道德、情操、智慧、志向、风度等内在美作为基础,那么,多好的先天条件,多么精心的打扮,也只能是一种肤浅的美。缺少丰富深刻内涵的美,不可能产生魅力。

(二)仪表美的作用

1. 仪表美能够给人留下良好的第一印象

当一个人代表组织去参加公关活动的时候,对方首先是通过仪表来认识他的,并且通过他进一步了解他所代表的那个组织。在最初的交往中,仪表往往比一个人的档案、介绍信、文凭、名片等的作用更直接,更能产生直觉的效果。人们往往通过仪表来判断一个人的身份、地位、职业、学识、个性等。外表给人的第一印象,常常会使人形成一种特殊的心理定势和情绪定势,这种心理定势和情绪定势无形地左右着人们相互交往的进展与深度,以至影响着对组织的信任程度。

2. 仪表美是自尊自爱的需要

仪表端庄大方、整齐美观,体现了一个人的精神风貌,也是自尊自爱的表现。衣冠不整、不修边幅,会被认为是作风拖沓、生活懒散、社会责任感不强,难以得到人们的信任。仪表美还体现了一种安全感,一种认真的作风,一种信任、热情、向上的精神风貌。

3. 仪表美是尊重他人的需要

注重仪表是讲究礼节、礼貌的表现,是对他人的一种尊重。尊重是人们在社交活动中最普遍的心理需要,仪表美能促进人与人之间的相互尊重,并使人们之间在思想上、感情上容易沟通,在一定程度上起到了调整人际关系,增进友谊的作用。

4. 仪表美有助于组织公关活动的成功

公关人员每天接触来自五湖四海、各行各界的宾朋,仪表美会产生积极的宣传效果,给朋友们留下良好的印象。公关人员的仪表仪态,反映着组织的管理水平和服务质量。美观整洁、端庄大方的仪表仪容,能使客人产生好感,取得良好的工作效果,如贸易洽谈人员仪表美,有助于谈判的成功,服务人员的仪表美,有利于提高服务质量等。

(三)公关人员仪表美的基本要求

仪表美总的要求是容貌端正,举止大方;端庄稳重,不卑不亢;服饰整洁,打扮得体;态度诚恳,彬彬有礼。具体应做到:

(1)追求秀外慧中,重在素质培养。从提高个人的内在素质入手,培养良好的道德品质、文化修养、知识才能和文明礼貌行为,增强个人的内在素质。

(2)塑造外观形象,注意整体效果。仪表美应当是整体的美,强调的是整体形象效果。某一局部的美不等于仪表美,而过分突出某一局部的美,会使美变得支离破碎,破坏了整体的和谐,若是追求面面俱到的美,也会使美失去平衡。

(3)讲究个人卫生,做到勤洗澡,勤换衣;男士要经常修面,女士要适度地化妆,保持皮肤的细润;保持口腔清洁,养成饭后刷牙的习惯,防止口臭,工作前一般不要食用葱、蒜、韭菜等有刺激性气味的食物;头发要适时梳洗,发型要大方得体,指甲要经常修剪,保持清洁。

三、仪表美的礼仪规范

(一)健美的肌肤

健美的肌肤给人良好的第一印象,这既是身体健康的标志,也是构成仪表美的重要因素,反映着人的生命活力。

每一个人的皮肤性质是不一样的,要保持健美的皮肤,必须了解皮肤的类型和性质,以便确定保养和护理的方法。皮肤的类型有以下五种:

(1)油性皮肤:皮脂分泌多,皮肤表面有油亮的光泽,纹理粗,毛孔大,这类皮肤不易生皱纹,但由于皮脂过剩易使污垢附着在皮肤上而生粉刺。

(2)干性皮肤:毛孔细小,皮脂分泌少,皮肤表面缺乏弹性和光泽,易产生碎小皱纹。

(3)中性皮肤:皮脂分泌适中,皮肤表面光滑、润泽,是比较理想的肤质。

(4)混合性皮肤:额头、鼻子、下巴分泌皮脂较多,形成T形皮脂带,这些部位属于油性皮肤,其他部位偏中性或干性。

(5)过敏性皮肤:对光照,某种化妆品,某种食物等有过敏反应,出现红肿、斑疹、痒痛等现象,此类皮肤要避开过敏源,不能乱用化妆品。

在了解和掌握皮肤的类型和性质的同时,还应学会皮肤的保养和护理方法。

首先,保持要健康的身心和良好的生活习惯。心情舒畅、情绪乐观是效果最好的"润滑剂"。俗话说"笑一笑,十年少",这是有科学道理的。因为笑的时候,表情肌的舒展活动,使面部皮肤新陈代谢加快,促进血液循环,增强皮肤弹性,起到美容作用。此外,还应注意养成良好的生活习惯,不抽烟,不酗酒,起居有规律,劳逸结合。医学证明,夜间是皮肤新陈代谢、调整肌理的最佳时间,长期睡眠不足,对皮肤有直接损害。

其次,合理饮食。皮肤的健美和营养的关系是显而易见的,健康而营养状况良好的人皮肤光滑、富有弹性和光泽,体弱多病、营养不良的人皮肤暗淡无光。从食物摄取各种营养成分,其美容功效非任何化妆品所及。丰富多变的食物可使人体健美,使皮肤变得滋润光洁。因此,应多食用富含蛋白质,维生素A、B、C、E的食物。

第三,避免外界不良的刺激。皮肤位于身体的最外面,时刻与外界各种损害皮肤的因素接触,最可能受到它们的刺激和损害。强烈阳光的暴晒会引起皮肤黑色素增多,在脸上形成色素沉淀,使皮肤易老化,且易发生角质增生性皮肤病。

第四,掌握科学的护肤方法:

皮肤的清洁法:用清洁霜去除面部油污→用洗面奶或香皂去除面部污垢→用温水冲洗→用紧肤水调理皮肤→涂润肤霜润肤。

蒸面清洁法:利用水蒸气熏蒸皮肤,以促进皮肤新陈代谢,帮助毛孔中的污物排出,使面部皮肤清洁舒畅,同时对改善皮肤性质大有益处。蒸面不可以过频,否则会造成皮肤松弛,毛孔粗大。

面部按摩法:适度按摩刺激皮肤,有利于皮脂腺的分泌,从而使积存于毛孔内的污物易于排除。按摩可以清除皮肤表皮下的皮屑使皮肤柔软光滑,改善黑斑等皮肤疾患,延缓皮肤衰老,有效地抑制面部神经紧张,使神经系统得以休息,消除疲劳。按摩的方法很多,但必须有正确的手法,否则反而会使皮肤受损。同时按摩只有坚持每天做,才能产生实效。

面膜美容法:用面膜敷面,可以清除毛孔内的污物,刺激血液循环,促进皮肤的新陈代谢,消除皮肤疲劳。其使用方法:首先净面束发,涂抹面膜(脸颊→眼睛四周→额头→嘴四周),待自然干透,再去掉面膜,涂上营养霜。

(二)美容化妆

美容化妆是一门综合的艺术,又是一种技术、技巧。它不是单纯的涂脂抹粉,而是运用色彩及各种化妆品来突出和强调每个人面部自然美的部分,减弱或掩饰其容貌上的欠缺,使每个人的容貌都变得尽可能完美,从而塑造一副淡雅清秀、健康自然、鲜明和谐、富有个性的容貌。

1. 美容化妆的基本要求

(1)正确认识自己。在掌握化妆技巧之前,必须了解一下人的面部的基本结构和特点。人们常说"五官端正"就是指人的面部五官比例要协调匀称。人的五官位置是有一定规律的,这个比例就是"三庭五眼"。"三庭"是指上庭:从额头的发际线到眉线;中庭:从眉线到鼻底线;下庭:从鼻底线到颏底线。这三庭的长度是相等的。"五眼"是指从下面看,右耳孔到左耳孔之间的脸部横向距离正好相当于五只眼睛的宽度。一个人的脸型如果符合这个比例,就产生匀称感,如果不符,就要在化妆时运用一定的技法进行调整和弥补。

(2)化妆的准则。生活中的美容化妆,以修整统一、和谐自然为准则。恰到好处的化妆,给人以文明、整洁、雅致的印象。

(3)化妆品的选用。化妆品种类繁多,其功效也不尽相同,必须正确选择和使用。根据化妆品的功用可以分为三大类:清洁化妆品,用于清洁皮肤;护肤化妆品,用于保养皮肤;修饰类化妆品,用于修饰化妆。使用化妆品要注意,一是要根据自己的肤色选择;二是根据自己皮肤性质选择;三是要注意化妆品的质量;四是不要频繁更换化妆品。

(4)适宜的妆色。化妆的浓淡要视时间、场合而定。在白天日光下、工作时间、工作场合,适合化淡妆。力求表现自然、质朴,采用不露痕迹的化妆手法。晚上,参加舞会、宴会等社交活动,穿着艳丽、典雅的服装,在灯光照耀下妆色可浓些,可使用发亮的化妆品。外出旅游或运动时,不要化浓妆,在天然秀丽的风光中,最宜表现一个人的自然美。

(5)化妆时应注意的问题。一般情况下不要在众人面前化妆,那是非常失礼的举止。假若需要修饰妆色,应到房间去。不要非议他人的化妆,不要借用他人的化妆品,这既不卫生,也不礼貌。男士的化妆品要能体现男子汉的气质,切不可搞得油头粉面,花里胡哨。

2. 化妆的程序和技法

每个人的面容都有自己的特征，因此化妆的技法和风格也各有不同，每个人应根据自己的特点采用最适宜的化妆技法。

(1)清洁面部。首先用洗面奶等清洁类化妆品洗脸，用水冲净。然后涂上护肤类化妆品，如乳液、护肤霜、美容蜜等。其目的一是润泽皮肤，二是起隔离作用，防止带颜色的化妆品直接进入毛孔。

(2)基础底色。使用底色的目的是遮盖皮肤的瑕疵，统一皮肤色调。应根据自己的脸型施以粉底，突出面部的优点，修饰其不足。一般选用两种颜色的底色，在脸部的正面用接近自己天然肤色的颜色，均匀地薄薄地涂抹。在脸部的侧面，可用较深底色，从后向前，由深至浅均匀地涂抹。由于深色有后退和深陷的作用，可以增强脸型立体感的效果。在面部需要表现后退和深陷的部位，都可以巧妙自然地使用深底色。

(3)定妆。上完底色后用粉定妆，可以柔和妆面固定底色。可使用粉饼或散粉，粉的颗粒越细效果越自然，粉色不要太白，否则会让人感到像"挂霜"一样，粉一定要涂得薄而均匀。

(4)画眼线。画眼线是为了增加生理睫毛的合理浓密程度，增加眼睛的神采。画眼线时，使用线笔紧贴睫毛由外眼角向内眼角方向描画，上眼线比下眼线重些，上眼线从外眼角向内眼角画 7/10 长，下眼线画 3/10 长。

(5)画眼影。画眼影是为了表现眼结构的整体化妆风格，强调眼睛的立体感。选择的眼影颜色要适应自己肤色及服装色，也可以用颊红或阴影色代替。涂眼影时，贴近睫毛部位要重些，眼角部位也要重些，然后用眼影轻轻扫开去，与鼻侧影自然相接。

(6)眉毛的修饰。修饰眉毛是为给眼睛这幅美妙的图画配一个精彩的画框。眉毛的生长规律是两头淡、中间深，上面淡、下面深。标准眉形是在眉毛的 2/3 处有转折。描画时，应根据眉的这种生长规律将其修饰得接近于标准眉形，将眉笔削成扁平状，沿着眉毛的生长方向一根根地描画，这样描出的眉毛有真实感，不要画成黑糊糊的一片。修饰眉形要根据自己的脸形，如果脸盘宽大，眉毛就不宜修得过细；五官纤细的人不要将眉毛修饰的太浓密。

(7)面颊红。使用面颊红的目的一是表现皮肤的健康红润，二是利用颊红的位置和方向来矫正脸型。颊红的中心应在颧骨部位，刷颊红时用颊红帚从颊处向四周扫匀，越来越浓，直到与底色自然相接。在选择颊红的颜色时，白皮肤的人，可选用淡而明快的颜色，如浅桃红、浅玫瑰红；皮肤较黑的人，颊红色可深一些，暗一些。

(8)涂口红。涂口红可以加深嘴的轮廓，使其生动润泽、富有魅力。涂口红时应先用线笔勾出理想的唇形，若嘴唇过大、过小或太厚、太薄，应注意修饰，然后用口红在轮廓内涂抹。若在外缘用深红色口红，内缘用浅红色口红，更可以使嘴丰满，有立体感。口红的颜色，应根据肤色的不同选择，还要注意不同的场合选用不同的口红色，日常生活中的化妆，应避免选用鲜艳的颜色，婚礼、宴会等场合，可以用较鲜艳、热烈的颜色。

(9)睫毛。为了更好地表现眼睛的神采，使其生动而有立体感，可用睫毛夹、睫毛膏等使睫毛卷曲，并增加其浓密感。

以上几个步骤进行完后，要全面检查一下整体的化妆效果，尽量不要显露修饰的痕迹。检查一下化妆与衣着、发型是否协调，与自己的身份、气质、年龄以及场合是否相宜。

(三)美发

"发式是人的第二面孔"，能体现一个人的修养和品味，恰当的发型会使人容光焕发、风度翩翩。发型设计要与脸型、体型、季节、年龄、职业、气质等因素相适应，起到修饰脸型、协调体型的作用,体现和谐的整体美。

女士发型式样多,变化大,必须根据自己的脸型来设计,椭圆型脸是东方女性的标准脸型,可选任意方式;圆脸型应将头顶部头发梳高,使脸部增加几分力度,并设法遮住两颊;长脸看起来面部消瘦,发型设计应适当遮住前额,并设法使双额显得宽些;方脸型应设法掩饰棱角,使脸型显得圆润些;额部窄的脸型,应增加额头两侧头发的厚度。

发型设计应根据季节变化而有所不同。夏天头发不宜过长、过于蓬松,应取凉爽、舒畅的短发,若留长发可梳辫或盘髻;冬天衣服穿得厚,衣领高,留长发既美观又利于保暖;春秋季发型可长可短,比较随意。

发型应根据职业和环境不同而设计,礼仪小姐发型设计应新颖、大方;职业妇女发型设计应文雅、庄重;参加晚宴或舞会,发型可以高雅、华丽。

男士发型相对较为简单,长脸型的人不宜留太短的头发;下巴较方的人可以留些鬓发;瘦高的人应留长一点的发型;矮胖瘦小的人头发不宜长。

(四)服饰

服饰即是人们日常生活基本的必需品,也是一种文化。在公关活动中,公关人员服饰就是向公关对象展示自我的一种真实的“自我介绍”,在你还没来得及开口讲话时,服饰已经将你介绍给对方了。公关人员应当根据自身特点和特定场合的要求选择服饰,选择服饰时应遵循庄重、典雅、规范、保守的原则。

1. 礼服

传统的西方礼服有大礼服、小礼服、晨礼服之分。大礼服也称燕尾服,用于一些正式隆重的仪式或场合。小礼服也称晚餐服或便礼服,一般参加晚6时以后举行的晚宴、音乐会、剧院演出等活动。女士服装花色、式样繁多,日常均着便服。近些年,大多数国家在着装方面日趋简单化,在许多场合男士着面料上好的深色西装。

我国的服装没有严格的礼服、便服之分,在正式场合男士一般穿一套毛料中山装或西服套装佩戴领带。女士按季节和场合不同可穿西装、民族服装、旗袍、套裙或连衣裙等。

2. 服饰礼仪

正式、隆重的场合应着礼服,男士西装色彩宜深些,不宜穿T恤、紧身裤及牛仔裤出席。上班时,女士不可穿过于时髦和暴露的服装,如穿健美裤或超短裙。郊游时最好穿随意性较强的休闲装,如家常服装、运动便装,颜色可鲜艳些,与郊外秀丽的风光相适应。华丽的服装适宜如晚会、音乐会等场合,而出席婚礼、宴会、到朋友家做客或参加联欢会,则应穿着美观大方。女士应当装扮,但应自然、得体,不可过分炫耀,尤其是在婚礼或宴会中,装扮不应压倒主人。参加葬礼或吊唁活动,应穿着黑色或深色服装,女士不宜抹口红,不佩戴饰物。婚纱只能在婚礼上穿着,其他场合不宜穿着。女士穿下摆窄或膝盖以上的短裙时,长袜子不应露在裙子下摆外,同时要注意切勿在人前把腿架起来。在校学生的服装应以自然质朴为宜,款式和线条要简捷流畅,以表现青少年的热情、纯洁、积极向上的风貌。

3. 西装的穿着

西装作为工作、交际的标准着装,已得到广泛的普及。西装的穿着十分讲究,其穿着的具体要求如下:

(1)西装的长度:西装的上衣长度包括衣长和袖长。衣长宜于垂下臂时衣服下沿与手指的虎口处相齐,袖长应在距手腕处1~2cm为宜。西装穿着后,其前襟和后背下面不能吊起,应与地面平行。裤子长度以裤角接触脚面为妥。

(2)西装的领子:西装的领型有枪驳头和平驳头之分,应根据脸型和西装的款式选择。穿着后西装的领子应紧贴衬衣领,并低于衬衣 1.5cm 左右。这样,即可起到保护西装领子的作用,又可显示出穿着的层次。

(3)西装的扣子:西装有单排扣和双排扣之分。双排扣西装,应将扣子全部扣上。单排扣西装,一粒扣西装扣子可以扣也可以不扣,两粒扣西装扣上边的一粒,三粒扣西装扣中间的一粒。在较正式的场合,一般要求把上面的扣子扣上,坐下时应解开。

(4)西装的口袋:西装的上衣胸部口袋是放折叠好的装饰手帕,其他东西不宜装入。两侧口袋也不宜乱放物品,特别是不能放钥匙等重物,以免使西装变形。物品可以装在上衣内侧口袋里,裤子的口袋也不宜多装东西,以保持裤型美观。

(5)衬衣:正式场合穿西装,西装内应穿单色衬衣,最好白色衬衣。衬衣的领子大小要合适,领头要挺括、洁净,衬衣的下摆要塞在裤子里。领口的扣子要扣好,若不系领带时应不扣。衬衣的袖长应比西装上衣袖长出 1.5cm 左右,袖口的扣子要扣好,切不可将西装及衬衣的袖子卷起来。

(6)领带:在正式场合穿西装一定要打领带,领带结大小要适中,领带的长短要得当,其最佳长度是领带的大箭头,应正好抵达腰带处,过长、过短都不雅观。领带必须打在有硬领座的衬衣上,衬衣的领口切勿过大,否则会影响领带的美观。日常穿衬衣、短袖衬衣或穿猎装、夹克衫时也可以打领带,但只适于非正式场合。

领带的系法:如图 3-1 所示。

选择领带时要注意领带的花色与服装、衬衣的搭配。单色的领带可以搭配多种色彩、款式的西装、衬衣,应尽量避免花领带与花衬衣搭配在一起。

(7)皮鞋:穿西装一定要穿皮鞋。鞋的颜色以黑色为主,黑色皮鞋显得庄重、大方,并能和任何颜色的西装相配。穿皮鞋必须"手"勤,要经常保持皮鞋的洁净和光亮。

4. 服装的色彩

色彩是服装中最活跃、最积极的因素,是服饰的灵魂。服装的色彩非常多,选择时因人而异,因时间而异,因环境而异,因心绪而异,要适应这些因素,形成最佳的色彩组合关键是和谐。即服装色彩必须与着装者的肤色、发色相和谐;服装的色彩与人的性别、体型、精神相和谐;服装色彩与季节、环境、场合相和谐。

现代服装设计突出雅洁、自然、简练、朴实的风格。在服装色彩配置时应把握设计的风格和技巧。色彩的搭配可采用以下的方法:

(1)统一法。就是服装选择同一色系,但明度、纯度有所不同的色彩搭配。如深红与浅红、橙红与黄色等,这种搭配给人以柔和自然的色彩效果。

(2)呼应法。就是服装的色彩搭配上下呼应、内外呼应等,如上穿黑底红花上衣,下着黑色的裤子,红色的内衣配上黑色的鞋子和皮包,这样的服装色彩给人以统一协调的感觉。

(3)点缀法。在大面积地使用统一色调的服装上,另选用一种色调进行小面积的点缀,如穿一身浅驼色套装,露出红色的衬衣领,这一点缀使得整个服装生动活泼起来,能起到画龙点睛的作用。

(4)对比法。对比色之间的搭配,往往过于醒目、刺激,但如果合理使用,则其各自的特征更为突出,使之相映生辉,产生鲜艳、亮丽、活泼的效果。

在公关活动中,服装的色彩往往发挥着微妙的作用。在办公室里,服装的色彩应与环境和周围的人相协调。出席会议,应着颜色较深的服装,与会场隆重的气氛相适应。参加晚会与舞会，可穿柔和色调的服装，能够增进温馨的情调。求职应聘，选用蓝色服装，能表现稳重与干练。商务洽谈，为减少冲突，应避免选用红色。总之，根据公关活动的时间、地点、对象、目的，选用适当色彩的服装，有助于增进公关活动的效果。

图 3-1 领带的系法

5．佩戴饰品

着一身精心设计的服装，还应巧妙地佩戴饰品，这是构成整体和谐的点睛之笔，能达到相互烘托、相映生辉的效果。

佩戴首饰要注意场合，参加晚会或外出做客时，可佩戴大型胸针、带宝石的坠链、带坠的耳环等，在灯光下会显得光彩照人。平日里可戴小型胸针、串珠、耳环等。

佩戴首饰要与服装及本人的外表相协调。一般穿考究的服装时，才佩戴昂贵的首饰。服装轻盈飘逸，首饰也应玲珑精致。穿运动装、工作服时不宜戴首饰。胖脸型的女士不宜戴大耳环，戴眼镜的女士不宜戴耳环，圆脸型的女士项链上加个挂件，有使脸型修长的效果。

佩戴首饰要注意寓意及习俗。项链是平安、富有的象征,应根据身材和个性特点,选择适当的款式和色彩。戒指是首饰中最明确的爱情信物,佩戴戒指是无声的语言,表明你的婚姻状况。戒指戴在食指上表示求婚,戴在中指上表示已在恋爱中,戴在无名指上表示订婚或结婚,戴在小指上则是强调独身,并不打算近期恋爱。手镯一般戴在右手腕上。

鞋、帽、围巾、腰带、提包、眼镜等物品具有装饰作用,随着人们对衣装穿着审美品味的提高,这些物品的越来越受到重视。

围巾和帽子对服装的整体美影响很大,围巾、帽子与服装的风格一致可增加整体的形象美。在冬季,人们的服装色彩较暗,可以用颜色鲜艳的围巾和帽子来点缀,使整个形象生动活泼起来。同样,假如服装颜色很艳丽,可以用颜色素雅的帽子、围巾来求得一种色彩的平衡。帽子还可以用来修饰脸型,长脸型的人应戴高筒笔线帽或宼边鸭舌帽,脸宽的人则应戴小檐高顶帽。手提包一般要求与服装颜色协调。夏季提包应小巧,显得轻松凉快;冬季提包的颜色可鲜明些,草编的手提包配上运动衫或棉布便装则显得十分自然和谐。

眼镜现在已不仅作为医疗保健用品来保护眼睛,而且成为一种饰品,一幅精美的金边眼镜,会给人增添几分斯文,而大框架的眼镜显示出一种豪放气派。

手帕也是一种饰物,西装左上边口袋里,露出折成三角型、三尖型、双尖型、花瓣型等形状的手帕,令人平添几分风度。

第二节　公关语言与社交常用礼节

一、公关语言

语言是人们交流思想、联络感情的工具和手段。公关语言在公关活动中具有重要的作用。

(一)礼貌用语

礼貌用语是建立良好人际关系的基础,是一个国家、一个民族、一个组织文明礼貌的窗口,使用礼貌语言,可以使公关活动场合变得亲切、融洽,使人与人之间的关系更加和谐、友好。在日常生活和公关活动中最常用的礼貌用语有:

1. 称谓语

称谓语是指见面时称呼对方的用语。在公关活动中,称呼时应尽量使用尊称,根据不同的年龄、身份、职业以及双方不同的关系使用不同的尊称。对德高望重者称之为“先生”、“前辈”等;对有职位者以职位相称,如“局长”、“经理”、“张教授”、“王大夫”等。在我国,“同志”这一称呼用途很广,尤其是在正式场合使用很多,它不分年龄、职业、新知还是故友,称同志既严肃又不失礼。改革开放以来,使用“先生”、“女士”、“小姐”称呼的日渐增多,为我国的称谓语又增添了新的内容。

2. 问候语

问候语是指人们见面时的寒暄用语,其作用在于沟通情感、缩短距离。初次相识,说一声“很高兴认识您”、“见到您很荣幸”使人感到非常亲切、热情,可以迅速消除相互之间的陌生感。与熟人见面,可以说:“好久没见您了”、“您的气色真好”、“您最近很忙吗?”等,这样会使人感到很亲热、融洽。中国人传统的问候寒暄多与日常生活有关,最常用的如“您吃了没有?”、“您还没歇着?”等随着时代的发展,问候语也发生了微妙的变化,“您好”越来越成为通用的问候语。

3. 感谢语

感谢语是指得到别人的帮助时的致谢用语。使用感谢语是公关人员应有的教养。在日常生活中,当我们得到别人的帮助时,应当很有礼貌地道一声“谢谢”。表示感谢时,一定要真心实意,话语要诚恳、认真、大方,面带笑容,眼睛注视对方。

4．祝贺语

祝贺语是指在节日之时,或别人有喜庆之事时的用语。当亲朋好友在工作上与生活上取得了进展,或逢到节日喜庆时,向其致以热烈而富有情感的吉言佳话,表达自己的喜悦和祝愿。如“祝您节日愉快!”、“祝您生日快乐!”、“恭喜发财”、“祝晋升新职”、“一路平安”等。恰到好处的祝贺词,可以表达自己的心愿,加深双方的感情,增添喜庆气氛,为成功的合作和建立友谊奠定良好的基础。

5．道歉语

人们使用道歉语是要把自己愧疚不安的心情表达出来,求得对方的谅解。在人际交往中,倘若自己礼貌不周或是言行有失,或是打扰、麻烦、妨碍了别人,最好的补救办法就是及时向对方道歉。说一声“对不起”、“请原谅”、“请您多多包涵”、“给您添麻烦了”、“深感内疚”等,这样可以迅速消除对方心理上的不快,避免隔阂,弥补感情上的裂痕,以至增进友谊。道歉时应当大方坦然,不要遮遮掩掩,也不要过于贬低自己。若是实在难以当面解释,可以写上一封信,或是送上一束花,借“物语”表达自己的歉意。当别人真诚向你道歉时,必须有所反应,应当原谅他、安慰他,可以说“没关系”、“别介意”、“没什么”等。

6．告别语

告别语是指在与人分别时表示礼貌的用语。告别语应根据对象不同、去向不同而恰当使用,如拜访他人结束时可以说“占用您这么长时间,真不好意思”、“不早了,您该休息了”、“认识您很高兴,有机会再来拜访您。”客人向主人告别,常伴以“请回”、“请留步”等话语,主人则以“慢走”、“恕不远送”等回应。如果是短时间的分别,常用“明天见”、“有空再来”、“晚安”等话语告别。如果是出远门或长时间的分离,则应表达依依不舍的心情并伴以祝愿。如:“过个愉快的假期”、“旅途愉快”等。“再见”是当今比较时兴,又普遍适用的告别语。

(二)公关口头语言的特点和表达技巧

了解和掌握公关语言的特点和表达技巧,有助于公关人员的交流和公关目标的实现。公关语言具有如下特点:

(1)准确。就是将自己的意图明确清晰地、恰如其分地用语言表达出来。表达时注意读音和用词规范,不可以使用那种模棱两可,似是而非的语言。

(2)文雅。就是使用的语言要文明、雅致得体,不说脏话,不带口头语。多用尊称、敬辞和敬语。

(3)幽默。就是在表达时,借助幽默使自己的语言富有感染力。在严肃的公关活动中,通过风趣幽默的话语,可以缩短人们之间的距离,使人感到快活欣慰,使公关活动取得事半功倍的效果。

(4)机敏。就是语言反应要快,表达要灵活。在公关活动中,要应付各种各样的交谈,一般情况下不可能事先详细准备,即使有所准备,临场还会出现意想不到的变故。尤其是在各不相让的谈判中或争执不下的辩驳中,双方针锋相对,语言犀利,这就要求公关人员有机敏的应变能力,应付自如,不失去任何有利的说话时机,也不给对方留下任何把柄。

(5)谦和。就是在与人交谈时应始终保持谦和的态度,认真聆听别人的谈话并不时点头或用简短的话语表示理解。在与人谈话时应多用谦语,相见道好,托事道请,有劳道谢,失礼致歉等。

(6)委婉。委婉就是要求公关人员应婉转含蓄地表达自己的意图。说话时少使用祈使句和反问句,多用陈述句和疑问句,如:把“您挺胖”说成“您很丰满”,就不会使人反感。把反问句“您说呢!”改为“您看怎样?”语气就缓和多了,如果想询问一个问题,可先用一句“我冒昧地问您一个问题,行吗?”作为铺垫,就不显得那么唐突。

在公关活动中,公关人员应掌握语言表达的技巧,它包括语音、语气、语速、节奏和语调的运用。

语音。即以普通话为标准,按照声母、韵母和声调的规律,发音准确清晰,吐字流畅明快,连贯自然,不能念错字、别字。

语气。语气的强弱、长短、深浅、宽窄、清浊、粗细变化会产生不同的情感效果。如语气轻快跳荡,表达出喜悦的感情;语气沉重迟滞,表达出悲伤的感情;语气短促快速,表达出焦急的感情;语气粗厚高重,表达出愤怒与厌恶……公关人员应把握好自己的语气,恰当地表达自己的情感。

语速。语速指讲话时音节的长短,即单位时间内吐字的数量。快速讲话表现紧张、激动、愤怒、欢畅、兴奋的心情,或是叙述急剧变化的事情,刻画人物机警、活泼热情的性格,或斥责不满的人和事;中速讲话表达平和的感情或叙述一般的事情;慢速讲话一般表达沉重、哀悼、沮丧、悲痛的情感或叙述平静庄重和事情。公关人员在不同的场合,针对不同的公众,在叙述、说明、评议不同事情时,应选择不同的讲话速度。

节奏。节奏主要是指讲话时的停顿和延续。停顿,即词语和语句之间短暂的间歇。停顿的方式有以下四种:

第一,语法停顿。它是由语言的结构形式决定语音的停顿。语法停顿表现在书面上是标点符号,在口语中则为停顿。

第二,呼吸停顿。有的句子较长,一口气说出来比较困难,就需要通过停顿化长为短,调节气息。停顿时要注意不妨碍原意的表达和不割裂语法结构。

第三,逻辑停顿。为了强调某一感情或某一观点,突出某一事物,而在句中没有标点符号的地方做适当停顿。

第四,心理停顿。心理停顿也叫感情停顿,它不受语法约束,没有固定的模式,完全由情感意志所决定,注重语言表达效果。心理停顿常常用于:列举事例之前,做出人意料的回答之后,赞叹之余,话题转移或段落结束之际。

语调。语音、语气、语速、节奏的和谐一致构成语调。人在高兴时,语调往往明朗欢快,悲伤时语调往往低沉抑郁,平静时语调轻柔安宁,愤怒时语调粗重急促。一句话由于语调不同,可以表达不同的意思,产生不同的结果。比如:“是这样吗?”,用不同的语调,可以表示谦虚、惊喜、冷淡、轻蔑、否定、遗憾等不同的情感。要准确地表达丰富而又复杂的感情,就应当运用语调变化、掌握表达技巧,在说话时注意声音的抑扬顿挫和声调的明暗刚柔。

(三)体态语的运用

体态语是指借助表情和体态来传递信息、表达感情的参与交际活动。在公关活动中,人们常用体态语来补充和加强语言沟通的效果,体态语也可以独立完成某一信息的传播。

1. 表情语

表情是人的心理状态的外在表现。一个人的喜怒哀乐的感情变化,热情、快乐、愤怒、冷漠等态度都会通过他的表情流露出来。表情语言相当丰富,它主要由目光和笑容构成:

(1)目光。目光是面部表情的核心,是一种真实的、含蓄的语言。人们在相互交往时,总是在自觉或不自觉地用眼神说话,也总是有意无意地观察对方的眼神。在与人交谈时,目光应当有礼貌地注视对方,以表示对对方的诚恳和尊重。注视对方时,应注意把握好三点。

第一,注视的时间。与人交往时不能长时间地盯住对方。心理因素实验表明:在交谈时,人们视线接触对方脸部时间约占全部谈话时间的30%~60%;超过60%,则会被认为对对方本人比对于其谈话的内容更感兴趣;低于30%,则被认为对对方本人及其谈话的内容都不感兴趣。因此,与人谈话时,目光既不能左顾右盼,游离不定,又不能聚精会神,目不转睛,应当不时地将目光转移一下,注视脸部以外的事物,也可以让对方稍微放松一下。如果是在同多个人打交道,还应尽量与在场的各位都“交换”一下目光,不要紧盯着一个人尤其不要注视上司、异性和熟人。

第二,注视的位置。目光注视对方时应当自然、稳重、柔和,不能紧盯住对方的某一部位,或上下反复打量。注视对方的位置不同,所传递的信息不相同,形成的效果也不相同。谈话时应根据谈话的性质、谈话的对象和目的不同,选择得体的注视区间:

公务注视区间,这是指在人们进行公务交往时采用的注视区间。范围一般是:以两眼为底线,以额头上端为顶点所形成的三角区间。洽谈业务时,注视这一部位,就会显得严肃认真,别人也会感到你有诚意。在交谈过程中,你的目光如果始终落在这个部位,你就会把握谈话的主动权和控制权。

社交注视区间。这是指人们有进行日常社交活动场合中所采用的注视区间。范围一般是:以两眼为上线,以下颌为顶点所形成的倒三角区间。注视这一区间,会让对方感到轻松自然,营造出一种社交气氛。这种注视主要用于茶话会、联欢会、舞会及各种类型的友谊聚会。

亲密注视区间。这是指具有亲密关系的人在对话时采用的注视区间,注视位置是对方的双眼到胸部之间。当然用眼睛专注对方的胸部范围只有恋人之间才算合适,对陌生人来说,就有些过分了。

世界上不同的民族的注视习俗也有差异:日本人认为直视对方面部是失礼的,他们习惯视于对方的颈部;英国人与人说话时尽量避免双目对视;而瑞典人则以对视为佳;在希腊,凝视别人是极无礼的;而阿拉伯人则认为凝视是起码的待人礼貌。

第三,注视的方向。从不同的方向注视对方有不同的含义。正视,即正面相对,正视多为平等、理性、友好的语义,为人们所常用。侧视,即站在对方的侧面,去正面平视对方,对值得尊重的人和不熟识的人,采用侧视,即可表示尊重,又可避免长时间正视对方之窘。仰视,即主动处于低处,由下向上注视,可以表示尊重、友好、盼望。俯视,即主动处于高处,由上向下注视,可以表示爱护、宽容、尊严和先发制人。目光斜视,则表示怀疑、轻视。

(2)微笑。微笑不仅在外表上给人以美感,使人心情舒畅,而且能够强化有声语言的效果,它是一种极有魅力的表情,可以有效地缩短双方的距离,创造和谐的心理气氛。公关人员在面对公众微笑时,应注意以下三点:

第一,微笑必须是发自内心的、真诚的、自然的微笑才会产生感染力,如果强作笑颜,皮笑肉不笑,似笑非笑,会使人感到厌烦,若是职业化的、呆板的假笑,也会令人索然无味。

第二,微笑应当规范。根据笑的程度不同,可以分为微笑、轻笑、大笑、狂笑。公关人员微笑时应做到不露齿、不出声。那种张大嘴巴,甚至笑得龇牙咧嘴是很不美观的。公关人员应力戒狂笑、苦笑、假笑、冷笑、嬉笑、嘲笑等。

第三,微笑应当得体。公关人员的微笑应当与所在的场合相吻合,比如当别人说错了话、办错了事时的微笑会被当作嘲讽、讥笑；当别人悲伤或遇到困难的时候的微笑，会被说成是幸灾乐祸；在郑重的场合的微笑，会被认为是不严肃。

2．身姿语言

在人际交往中，除了表情和手势外，人的身体体态也在传递着情感信息。身姿语言主要指人的各种静态姿势，如站、坐、走等所传递的信息。

(1)站姿。不同的站姿会给人不同的印象。站立时挺胸直背，双目平视，表现出充分的自信，给人以气宇轩昂、心情乐观的印象；弯胸曲背的站姿是不自信或消沉的表现；头部倾斜、肩部不自然地上提或下垂是心情紧张或思考某种念头的表现；身体略倾向对方，表示热情和兴趣；身体后仰，显得若无其事或漫不经心；侧身向着对方，表示害羞、轻蔑或厌烦。

(2)坐姿。坐的姿势也反映了不同的意义。坐在沙发或椅子上时，上身后仰，表明舒适、放松的心理，也会给人松懈的印象；上身直立，像学生一样"正襟危坐"，表明严肃认真；上身前倾，表示谦恭或萎靡不振或身体不适。

坐下时，臀部与座位接触面的大小为深浅。深坐时，身体后仰表明自信或优越感，常为长者、有权威者采用；浅坐表明不安或劣势，也是一种恭顺和对对方谈话感兴趣的表示。如果准备告辞，欠身浅坐的姿势就是一种暗示了。

(3)走姿。优美的走姿表现为潇洒、稳健、文雅。步伐有力并自然摆动双臂的人，往往自信、快乐、友善并富有雄心；步子拖沓，速度时快时慢的人则相反。习惯将双手插在口袋中走路，即使天暖和时也不例外的人，爱挑剔，显得玩世不恭；走路时昂着头，大摇大摆的人，显得傲气十足。一个人高兴的时候步伐轻盈快捷；心事重重时，步履沉重迟缓。

(4)空间距离。人与人的交往过程中相互保持的距离远近，反映了他们的关系的亲疏、文化背景、个性差异等。在公关活动中，根据公关活动的对象和目的，选择和保持合适的距离是极为重要的。一般情况下，人际空间分为以下几个区域：

亲密区：在45cm以内，属于私下情境，多用于情侣或夫妻间，也可以用于父母与子女之间或知心朋友间。两位成年男子间一般不采用此距离，但两位女性知己间往往喜欢以这种距离交往，亲密距离属于很敏感的领域，交往时要特别注意，不要轻易地采用。

个人区：一般在45cm~120cm之间，表现为伸手可以握到对方的手，但不易接触到对方的身体，这一距离对讨论个人问题是很合适的，一般朋友交谈多采用这一距离。

社交区：指大约在120cm~360cm之间，属于礼节上较正式的交往关系。办公室里的工作人员多采用这种距离交谈，在小型招待会上，与没有过多交往的人打招呼可采用此距离。

公众区：指大于360cm的空间距离，一般适用于演讲者与听众，或公共场所人与人之间的距离。

二、社交常用礼节

人们在长期的社交活动中，逐渐形成了一些公认和惯用的交往规则，构成了礼节的具体内容。下面分别介绍一下社交常用礼节。

(一)见面礼节

人们在工作和生活中遇到久违的朋友或初次见面时，时常伴有握手、致意等礼节，以表示亲近和尊敬。

握手在人类社会中起源较早，据说原始人表示友好时，首先亮出自己的手掌，并让对方摸一摸，表示自己手中没有武器。后来逐渐演化，成为现在的握手礼。

握手应遵从一定的礼节，一般来说，在上下级之间，上级伸手后，下级才能伸手相握；在长辈与晚辈之间，长辈伸手后，晚辈才能伸手相握；在男女之间，女方伸手后，男方才能伸手相握；在主客之间，主人应先伸手表示欢迎，若是等到客人伸手，则显得有怠慢之感。

见面时，应伸出右手，四指并拢，拇指伸开，掌心向内，手的高度大致与对方腰部上方齐平。同时，上身略微前倾，注视着对方，面带微笑。

如果两人比较熟悉且感情比较激动时，握手的力度可以大些，握手时间可以长些，并可双手加握。若对方是长辈或上级，则用力应稍小，否则给人一种强迫的感觉。与晚辈或下级握手可适当用力，给人一种信任之感。和女性握手则不能十分用力，只须象征性地轻轻一握即可。

握手时应注意，当一方伸出手时，另一方应该毫不迟疑地回握，避免一方一直伸着手，无所适从；无论对方是谁，都不可被动地让对方握，自己毫无反应，不可一边握手，一边左顾右盼；男性不可戴着手套与他人握手；女性可戴着薄手套同他人相握，这不算失礼；不要用湿手、脏手同他人握手。若你正在干活，对方热情地伸出手后，你可以一面点头致意，一面亮出双手，简单说明情况并表示歉意，以取得对方的谅解。

致意礼是一种相识的人常用的见面礼，表示相互问候之意，通常有以下几种形式：

1. 举手致意

当彼此相识的人在公共场合的较远距离，互相看到时，一般用举手致意，以示问候。其方法为：举起右手，掌心朝向对方，轻轻摆一下手即可，一切以自然为宜。

2. 点头致意

这种形式适用于不便与对方直接交谈的场合。如在营业大厅里，你正在接待其他顾客，又遇见熟人，或又有顾客要与你交谈，你只要点头致意即可。有时与相识者在同一地点多次见面或仅有一面之交的朋友，在公共场合相见，均可点头致意。点头致意的方法为：头部轻轻往下一动，幅度不必过大。

3. 欠身致意

欠身致意一般用于坐着时与熟人打招呼，身体的上部微微向前一躬。用这种方式表示对他人的恭敬，这种形式适用范围较广。在有客人到办公室来访时，可应用欠身致意的礼节接待，以表示客人的欢迎与敬重。

4. 脱帽致意

脱帽致意是男士常用的一种礼节。其方法为：在遇见熟人时，轻轻将帽脱下，并辅之以点头致意。

总之，不同场合遇见熟悉的人时，应有礼貌地点头致意或脱帽致意，当遇见相识的人在与别人交谈时，一般不要忙着走过去问候，而应在对方应酬活动告一段落后，再前问候致意。

介绍是社交活动中人们相互了解的基本方式。通过介绍，可以迅速缩短素不相识的人之间的距离，以便更好地交谈，更多地沟通和更深入地了解。介绍包括自我介绍应和介绍他人。

自我介绍是将自己介绍给对方，或是将自己介绍给很多人。自我介绍时要注视着对方，以表示对他人的尊重。介绍时要注意把姓介绍清楚，介绍名字时，可以按字面做解释，这样便于对方记住自己的名字，中国人的名字一般都有寓意，可以幽默、生动地加以解释。如“马千里，千里之马”等。自我介绍时往往使用谦词。

介绍他人是将某一个人介绍给另一个人或介绍给大家。介绍他人应按如下顺序介绍：把年轻者介绍给年长者；把地位低者介绍给地位高者；把男士介绍给女士。如果性别与地位发生矛盾时，应按地位顺序介绍。介绍中，首先提及者为更尊敬者。同级、同龄、同性人之间可平等介绍,要以轻松、自然、愉快为原则。当自己被别人介绍时,一般应起立、微笑、致意。

介绍的内容应根据场合和交往目的的不同而有所不同,一般应注意简洁,但又不是对被介绍者情况的客观陈述,要突出特点,比如籍贯、特长等,这样有利于找到彼此的共同点,使交往顺利发展,但不要过分夸耀,更不能无中生有,这样会令人反感,难以得到对方的信任。

(二)谈话礼节

与人交谈时,必须要尊重对方,态度要真挚诚恳,亲切热情,平易近人,开诚布公。语言表达要适时得体、不卑不亢、表情自然。要使用礼貌语言,如"您好"、"请"、"谢谢"、"对不起"、"打搅了"、"再见"等。

在交谈时,应充分考虑对方的身份、职业和地位等特点,做必要的准备,去适应或迎合客人的兴趣。交谈的话题应注意选择大家共同感兴趣的,都可介入、方便发表意见的,如天气、当天新闻、家常杂事、现场气氛、环境布置等,不要只谈个别人了解的话题,以免冷落他人。

与人交谈时要掌握时间适度,要根据交谈内容和重要性而定,不宜过长,以免对方不耐烦。在交际场合中,不要独自滔滔不绝,要给人以发表意见的机会。交谈中如遇急事或离开时应向对方打招呼,表示歉意。

参加别人正在进行的谈话要先打招呼,别人在谈话时不要凑前旁听。若有事,应待别人说完。如有人与自己主动说话,应乐于交谈。第三者参与谈话,应以握手点头或微笑表示欢迎。谈话现场超过 3 人时,应注意照顾到在场所有人,不能只顾与一个人交谈而不理睬他人,冷落第三者。如所谈问题不便让旁人知道,则应另找场合。

交谈中要尽量避讳一些不愉快的事情。不要对一个陌生人谈自己的私生活;不要向一般人谈论自己亲人朋友的缺点。不要询问有关个人隐私方面的问题,如妇女的年龄、婚否、对方履历、工资收入、衣饰价格等。男性一般不要参与女性圈内的议论,也不要与女性无休止地攀谈而引起旁人非议。与女性谈话更要谦虚、谨慎、礼让,不开玩笑,争论问题要有节制。

与人交谈时,交谈的声音一般不宜过高,以免影响妨碍他人,应适当放低声音,用委婉、柔和的声调交谈。也可适当做些手势,但动作不要过大,不要手舞足蹈或者用手指对人指指点点。交谈的距离要适当,过密过疏都是失礼的。

交谈中要注意"听"的礼貌。要善于聆听对方讲话,不要轻易打断别人的发言。听对方谈话时,眼睛应有礼貌地注视对方,目光应含笑、自然,一边听,一边微微颔首,以示听清或赞同。如对方谈到一些不便谈论的问题,不要对此轻易表态,可转移话题。

与人交谈时,不要对着他人打喷嚏或擤鼻涕。实在忍不住,应先致歉,然后背过身去或找个适当的地方处理。

(三)电话往来礼仪

从日常生活到公关活动,电话已是现代人不可缺少的通讯工具。公关人员要在社交中利用电话进行交流,并赢得对方的好感,必须遵从电话礼仪的要求,熟悉电话的规范用语。打、接电话时应遵从如下礼仪:

(1)注意打电话的时间。除了紧急要事之外,一般在以下时间是不宜打电话的:三餐吃饭时间、早晨 7 时以前、中午午休时间、晚上 10 点半以后。

(2)注意通话时间。电话交谈所持续的时间,一般以 3~5 分钟为宜。

(3)电话拨通后,首先说"你好,我是××公司的×××,请帮忙找×××先生(小姐)接电话,谢谢。"如果对方说要找的人不在,应致谢,并附带一句"请问,大约什么时候回来","好了,××钟我再打电话给他(她),麻烦您转告他(她)等着我的电话。"或者"如果方便,麻烦您转告他回来后给×××号码挂电话，我的姓名是×××，您看行吗?”如果对方答应了你的请求，应当表示感谢，如果由于某些原因，对方帮不上你的忙，你也应礼貌地说：“没关系，我设法与他(她)联系，对不起，打扰您了”。

(4)当拨错号码时，应致歉：“对不起”，不能不说话就挂断。

(5)听到电话铃响，应马上放下手中的工作去接电话，一般在电话铃声响过两遍后拿起电话。拿起电话后自报家门，如“您好，我是×××公司”。

(6)仔细聆听对方的讲话，并不时用“嗯”、“对”等给予对方积极的反馈。需要记录电话内容时，一般应左手拿话筒，右手用事先准备好的纸笔，将电话内容记录下来。

(7)如果你不是受话人，请对方稍等后，应把话筒轻轻放下，通知受话人。万一受话人正忙着，应说“对不起，请稍等一下，他(她)马上就来”。如果受话人不在，不能把电话一挂了事，而应耐心地询问对方的姓名、电话号码，是否需要转告，征得对方同意后详细记录下来。

(8)一般由发话人先结束电话，如对方还没有讲完，自己便挂断电话是不礼貌的。

使用电话时应注意：在办公室或公共场合打、接电话时，不能趴在、靠在、坐在桌子上，更不能边吃东西、边讲话，或把话筒夹在头和肩之间来回踱步，或不时用手摆弄电话线；通话前应认真思考，准备充足。如：找谁比较合适？要找的人不在该怎么办？如果遭到拒绝怎么办？对方可能提出什么要求等。同时还应调整好自己的情绪，控制好音量，以让对方能听清为限，讲话速度应比平时稍慢些；受话人一定要集中精力，电话记录要快而准确。记录完毕，要将重要内容向对方重复一遍，保证准确无误。电话记录应包括：来话人的单位、姓名、职务、电话号码、来话时间、电话内容。接电话后，应根据电话内容，采用直接、电话或留言等方法，及时转告有关人员或领导。

(四)名片往来礼节

名片已成为现在人们交际活动中相互介绍的主要形式，在公关活动中懂得使用名片的礼节很有必要。

名片的一般规格是长9cm，宽5.5cm，上面印有姓名、职务、地址，电话、业务范围等内容。

名片的使用一般是地位低的应主动将名片递给地位高的，年轻的递给年老的。如果对方先把名片递了过来，也不必谦让，应当大方地收下，然后再将自己的名片递过去。

交换名片应当双手递和双手接。名片正面朝上，字的正方向朝着对方，双手将名片递过去，千万不能用食指与中指夹着递过去。接名片时也要用双手，接过后认真看一遍，必要时可说些“认识您很高兴”之类有话，然后将名片仔细放好，不可拿着别人的名片玩弄，不可随意将名片扔在一边，这样是对别人的不尊敬。

递名片要掌握好时机，有时一见面就交换名片，也可以在彼此交谈结束时再换名片。如需将本人名片递给若干人时，一般应一一递给，不要遗漏，并注意先后顺序。

(五)迎送礼仪

迎来送往是日常生活和公关工作中频度较大的活动，恰当的接待礼仪，可以显示出一个民族的修养和好客程度。

在公关接待服务中，首先，公关人员必须懂得陪车礼仪，掌握轿车的座次安排。按照国际惯例，一般情况下，轿车座次如下：

乘坐双排五座车时，一般以车上的后排右坐为上座，即主宾的座位；驾驶员正后面的位置次之，为主陪人员的座位；驾驶员旁边的位置一般是秘书、向导的座位，如图3-2所示。

如果驾车者是轿车的主人时，副驾驶座为上座，以讲究礼节的外国人看来，主人亲自驾车接送客人的话，他身边的位置是最尊贵的。

乘坐三排七座车时，其他座次排序为：后排右座、后排左座、后排中座、中排右座、中排左座、副驾驶座，如图3-3所示。

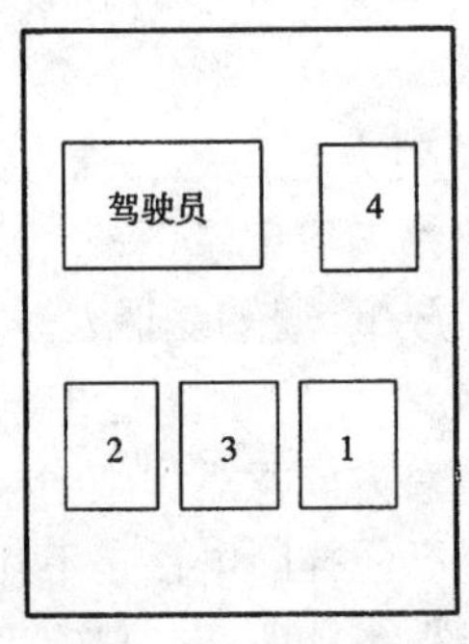

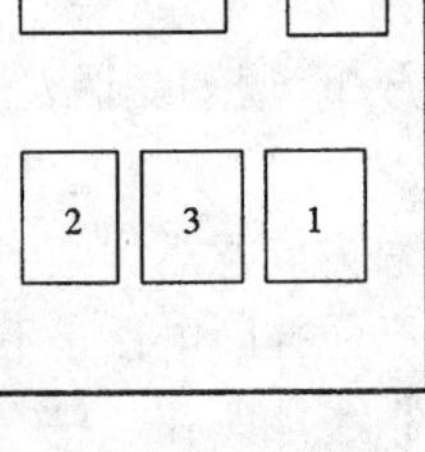

图3-2　汽车座次排序

图3-3　汽车座次排序

在接送客人上车时，接待人员应一手拉开车门，一手遮挡门框上沿，按照先女宾后男宾的惯例，请客人上车。但要注意的是有两种客人不能用手遮挡车门框，一是信仰伊斯兰教的，一是信仰佛教的，因为他们认为这样做会把“圣光”遮住。上车时，应请客人从右侧门上车，主人从左侧门上车。如果客人先上车坐到了主人位置上，则不必请客人挪动位置。到达目的地停车后，接待人员应先下车开门，再请客人下车。

其次，要掌握迎送礼仪的基本内容。具体做到：

(1)迎接来宾时前，要了解来宾的背景材料，如他的身份、性别、习俗等，并确定相应的迎送规格。同时，掌握抵达和离开的时间，如迎送时间有变化，应及时应变。

(2)迎接未见面的客人，在车站、码头、机场上应准备一块牌子：“欢迎×××”。见到来宾后，应热情地握手，表示欢迎，行礼后作自我介绍。

(3)应主动向客人表示帮助拿行李的意思，如有车来接，应为他打开车门。上车后，应将活动日程表送到客人手上，并询问客人有何私人活动需要帮助安排。可向客人介绍沿途建筑、风光、民俗、气候、特产等情况。

(4)到住宿处后不要久留，以便让客人休息。分手前一定要说好下一次见面的时间、地点，并告诉客人与你联系的方法。

(5)来宾参加本单位活动，应做好引导，引导者应走在客人左前方，遇转弯处要目视客人，以手势指示方向。到接待室门口，以左手轻轻推转门把手，顺势进入，换右手扶住门，同时左手作出引客入门姿势，侧身微笑地招呼客人：“请进！”引导客户就座。

(6)客人就座后，及时奉茶。奉茶的顺序应从地位最高的客人开始，茶应在一旁倒好，以托盘送上。茶杯不可装满，注意在适当时候续茶，续茶时应将茶杯端离桌面。

(7)对应邀前来参加本单位活动的本市客人，应在单位大门口迎接，活动结束，应送客人上车或送出门口。

(8)客人离去时，客人应走在前面，否则有驱赶客人之嫌。离别前握手告别，并说：“欢迎您再来”。

(六)宴会餐饮礼仪

在社会交往中常常离不开举办宴会，这既出于礼仪需要，也有助于联络感情，融洽气氛，增进友谊。因此，公关人员有必要懂得宴会的基本常识与礼仪。

1．中餐礼仪

1)宴会的桌次、座次的安排

一般的便宴或工作餐，虽然较为简单，但也应该把主宾安排在上座，在酒店里，主位有明显的记号标志。在单位或一般餐馆，通常是把背朝窗户，面朝门的座位视为主位。主宾应与主人挨着坐，其他人可以随意入席就座。

在正式宴会，特别是有外宾参加的宴会，桌次，座位的排列都有严格的规定。如果宴请有数桌，按国际惯例，桌次高低以离主桌远近而定，一般是右高左低。桌数较多时，要摆桌次牌。正式宴会还需安排好坐席，并在入席前通知每位出席者，由专人引导宾客入座，如图 3-4、图 3-5、图 3-6 所示。

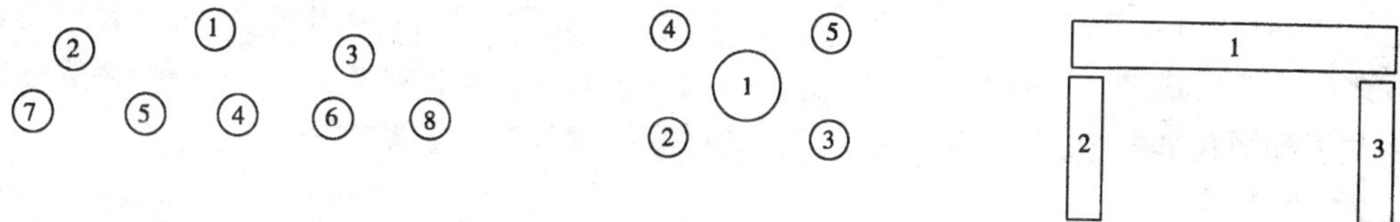

图 3-4 中餐圆形桌的桌次排列之一 图 3-5 中餐圆形桌的桌次排列之二 图 3-5 中餐长形桌的桌次排列

根据国外习惯，坐席应男女穿插安排，以女人为准，主宾在女主人的右上方，主宾夫人在男主人的右上方。我国习惯按各人本身的职务排列，如夫人出席，通常将女士们排在一起，即主宾坐在男主人的右上方，女主宾则坐在女主人的右上方。两桌以上的宴请，其他各桌第一主位的位置可与主桌主人的位置同向，也可以把面对主桌的位置作为主位，如图 3-7、图 3-8、图 3-9 所示。

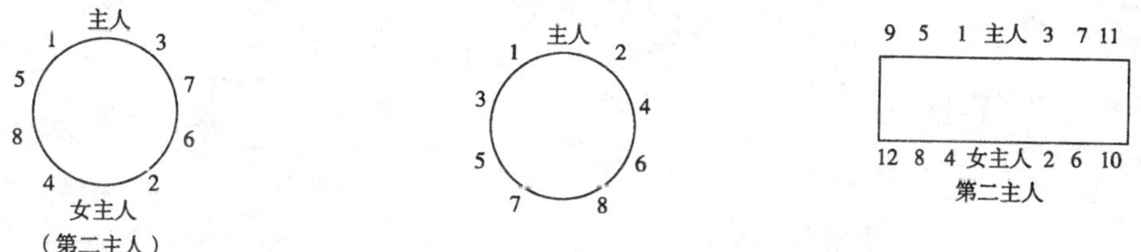

图 3-7 中餐圆形桌席位排列之一 图 3-8 中餐圆形桌席位排列之二 图 3-9 中餐长形桌席位的排列

为便于宾客及时准确地找到自己的位次，除安排专人引导外，还可以在桌子上事先放置座位卡。举办涉外宴会时，座位卡应以中、外文两种文字书写，中文写在上面，外文写在下面，必要时，座位卡两面均应书写就餐者的姓名。

2)就座礼仪

进入席间，首先要向主人尤其是女主人打招呼，然后按照事先安排或主人招呼的座位就座。就座时要斯文，并向其他宾客表示礼让，要尽量与更多的宾客主动交谈，沟通感情，以创造一个良好活跃的气氛。

入席后，应注意餐桌前的举止、体态。来回挪动椅子；随意脱下上衣，摘下领带，卷起袖子；随意抽烟点火；说话时比比划划，手势幅度过大，并且边说边用餐具指点别人；频频起立、离座，头枕椅背打哈欠，伸懒腰，揉眼睛，搔头发；两腿擅动，搓弄手指等都是不礼貌的，会给人留下“这个人真没规矩”的坏印象。

3)用餐时礼仪

(1)使用餐具不要发出响声，用餐过后，应轻轻放下，不要老拿在手里，更不能用筷子敲打取乐。

(2)夹菜时,应礼让主人或长辈,取食物动作要快,不要在菜盘里乱翻,一次夹菜不宜太多。

(3)进食时,不要将身体贴靠在餐桌边上伸颈向前接食,而且应该闭嘴咀嚼,不要使邻座听到自己的咀嚼声。

(4)吃剩的食物残渣应放在自己面前的小碟中,不要吐在桌上或地上。

(5)替人布菜应用公筷和大汤匙。

(6)主人和主宾祝酒致词时,应暂停进餐与交谈,注意倾听,以示尊敬。

(7)应尽量避免中途离席、退席,如果确实需要离席或退席,应向主人说明情况,表示歉意后,方可离座。

2. 西餐礼仪

近几年来,随着我国的改革开放,西方的一些生活方式逐渐引入中国大众,用西餐招待客人在许多地方流行进来。以社交宴会来说,正式的西餐宴会礼节比中式要严格一些,讲究非常多。因此了解西式宴会的礼节,懂得西式宴会的做客之道是非常重要的。

1)西餐座次排列

西餐的座次同中餐规定完全不同。西餐通常采用长条桌,因此,在座次的排列上有其特点,如图3-10所示。通常以离主人座位的远近来标识客人地位的高低。离主人越近者,地位越高;反之,则地位越低。中国人请客时,很少考虑男女比例问题。西方人则喜欢男女各半,入席时,男女间隔而坐。

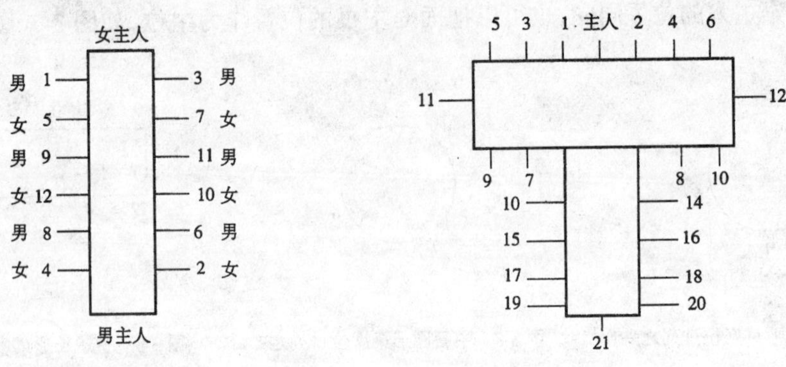

图3-10 西餐座位排列

在入席时,由女主人陪同第一男主宾,男主人陪同第一女主宾入席。其他客人依座次入席。男宾应为邻座的女宾拉开椅子,照顾她坐下。男女主人应分坐桌子两端。

2)使用餐巾的礼仪

入座后,应先取下餐巾,大餐巾可折起(一般对折),折口向外平铺在腿上,小餐巾可伸开直接铺在腿上。注意不可将餐巾挂有胸前(但在空间不大的地方,如飞机是可以如此)。拭嘴时需用餐巾的上端,并用其内侧来擦嘴,绝不可用来擦脸部或擦刀叉、碗碟等。

3)喝汤的礼仪

喝汤要汤匙,不能端起汤盘来喝,舀汤应用汤匙从桌沿向桌中心的方向盛去;汤少了时可以用左手稍微将盘子边提起,朝前面斜着盛。如果汤太烫时,不能用嘴吹,可用勺子搅动使之冷却。喝咖啡或茶也是这样。

4)用餐时的礼仪

吃西餐时,餐具的摆放依上菜顺序由外至内排列,通常叉置于餐盘左侧,刀和匙置于右侧,如图 3-11 所示。

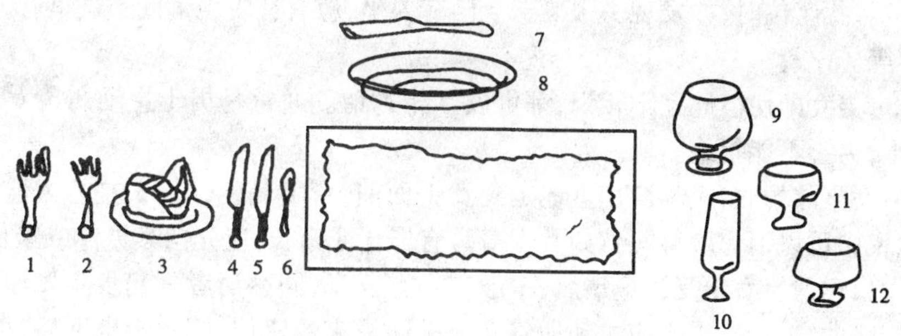

图 3-11 西餐餐桌布置示意图

1-肉叉;2-布丁叉;3-餐盘;4-布丁刀;5-肉刀;6-汤匙;7-黄油刀;8-面包盘;9-水杯;10-雪利酒杯;11-红葡萄酒杯;12-香槟酒杯

进餐时,一般讲究吃不同的西餐用不同的餐具,饮不同的酒要用不同的酒杯等。吃西餐时右手拿刀,左手持叉,先用刀把食物切成不同的小块,再用叉送入嘴里,吃一块切一块,不要一次把食物都切开。吃正餐时刀、叉的数目与上菜的道数是相等的,并按照上菜顺序由外至内取用餐具,吃完一道菜换一套餐具。使用刀叉时,尽量不使其碰撞,以免发出大的响声。除用刀、叉、匙取送食物外,有时还可以用手取。如吃鸡、龙虾、饼干、薯片或小粒水果等。面包则一律用手取,注意要取自己左手前面的,不可取错。吃面包时,涂上奶油,一小块一小块撕着吃,不可用面包蘸汤吃。进餐用的佐料,通常已经准备好,放在餐桌上。如果距离太远可以请别人麻烦一下,不能自己站起来伸手去拿,这是很难看的。饮酒时,不要把酒杯斟得太满,也不要向别人劝酒(这些不同中餐)。如刚吃完油腻的食物,最好先擦一下嘴再去喝酒,免得让嘴上的油渍将杯子弄的油乎乎的。干杯时,即使不喝,也应将酒杯在嘴唇边碰一下,以示礼貌。暂时离开时,应把刀、叉交叉摆好或放成“人”字形,以示尚未结束。若将刀、叉并放在盘子上,刀右叉左就表示已经结束用餐。

进餐过程中,相互交谈是很正常的现象,但不可大声喧哗,放声大笑,也不可抽烟。同时,还应注意坐姿,坐姿要正,身体要直。不要紧靠椅背或紧贴餐桌,不要把胳膊支在餐桌上,不要随意脱下上衣,松开领带,或是把袖子挽起来,也不要吃得太快。

总之,西餐的礼仪很多,要不断学习,切不可不懂装懂。

(七)舞会礼仪

舞会是高雅的社交娱乐活动。它是现代社会,特别是公关活动中常见的一种社交形式,通过轻松愉快的跳舞,优美而富有节奏的音乐,在特定的环境气氛里达到交流感情,增进友谊,促进交往的目的。舞会的形式通常有家庭舞会、交际舞会、公关舞会,多在周末、节假日和晚上举行。

在组织和参加舞会时,都应遵循舞会的礼仪规范。

组织舞会:邀请客人应考虑男女人数上要大体相等。对已婚者,一般要同时邀请夫妇俩人,请柬要写明舞会持续时间、舞会地点等。选择的场所应宽敞,邀请总人数要与场所相宜。舞场地板应保持光洁,四壁要有彩灯彩带装饰,光线要柔和,还要安排乐队伴奏,并提供一些饮料、点心供客人选用。舞会要专设接待人员。

参加舞会:应注意自己容貌的干净和整洁,服饰要尽可能和环境融成一体。女士服装既要美观醒目,又要结合自身条件,显得和谐自然、落落大方。男士除了穿针织服装外,也可穿深色的中山装或西装。同时注意饮食,不应吃带刺激气味的食物,如葱、蒜、韭菜等,也不宜喝酒。

如患病期间接到邀请,应礼貌地谢绝,并向邀请方说明不能参加的原因。

步入舞场:语言要讲究文明,不要大声说笑或怪叫,满口污言秽语。走路时脚步要轻,不要在舞池中穿行。找座位时,如发现一张桌子上已有人坐,应有礼貌地询问:“这里有人坐吗?”或“可以坐吗?”等。

在舞会上,男女即使彼此互不相识,都可以互相邀请。通常是男士主动邀请女士,也可以女士邀请男士,男士不能拒绝。

男士邀请女士共舞时,应步履庄重地走到女士面前,弯腰鞠躬,以15°左右为佳,同时面带笑容,轻声地说:“可以请您跳舞吗?”如女士身旁有男伴或家长,应先向其男伴或家长点头致意后再向女士发出邀请。女士受到邀请后,一般应马上起身,同邀请者一起步入舞池共舞,而不应傲慢不理。舞曲结束时,男士应主动地将女士送回原来的座位,等女士坐下后,男士应说一声:“谢谢,再会”,然后再离去。

当受到别人邀请,因某些原因不能应邀时,应注意谢绝邀请的礼仪。如某一位女士被邀请跳舞时,这位女士不愿意接受他人的邀请,应当向邀请者表示歉意,“对不起,我想休息一下”、“对不起,这支舞曲我不太会跳”等。如果拒绝了一位男士的邀请后,就不宜马上接受另一位男士的邀请。当被拒绝男士再次前来邀请,在无特殊情况的条件下,女士应欣然接受其邀请。

女士如果遇有两位男士同时邀请自己跳舞,最好都礼貌地谢绝。如果同意其中一位的邀请,对另一位则应表示歉意,应礼貌地应允下一曲与之共舞。

自带舞伴者,如果他人来邀请,不能一概拒绝,应按礼节促请被邀请者接受,决不能代之回绝对方的邀请。

在较正式的舞会上,尤其是涉外的舞会上,同性之间不应相邀共舞。两位女士共舞,意味着她们没有舞伴;而两位男士共舞,则意味着不愿意邀请在场的女士,这是对女士的不尊重。

在舞会上,舞姿和舞技应符合礼仪的规范要求。

步入舞池时,要尊重女舞伴,女在先,男在后,由女士选择跳舞的具体位置;跳舞时一般男士领舞引导在先,女士配合于后;一曲终了,应立于原处,面向乐队或主持人鼓掌表示感谢,再将女伴送回原处。

跳舞时要保持身体端正,双方胸部应保持30cm左右的距离,不要太近或太远。男士不要把女士的手握得太紧,或把右手掌心向内全贴在女士的腰上,也不要旋转时把女士扯来扯去。女士不要把头俯靠在男士的肩上,或双手套在男士的脖子上,更不要跳贴面舞。跳舞时,万一不慎碰撞或踩踏了对方,应自觉地向对方道歉。

(八)会议礼仪

计划周密且落到实处的会议准备工作是会议成功的保障。在会议筹备工作中,要按照会议的规模、内容和要求,做好相应的准备。

1. 根据会议规模确定接待规格

会议规模一般由主持单位领导决定。企业内部的一般工作性会议,应讲究效率,不拘形式,如果请上级领导到场,或召开表彰会、庆祝大会,可将形式搞得隆重一些。承办规模较大的会议应成立会务组,专题研究、布置安排会议接待的有关工作,明确各部门的职责。

2. 选择会场

选择会场时,首先要考虑与会者的人数,以安排适当宽敞的地方为好。如果是企业内部召开的会议,可根据人数,选择一个会议室或大礼堂进行。如果是承办上级布置的大型会议,则应考虑会议地点、交通是否方便;会场是否有噪声;会场的照明、空调设备是否完好;是否有停车场和住宿处；会场租金费用是否超过预算；会场是否符合与会者的身份、等级；其他必要的设备是否齐全。

3. 会场的布置

根据会议内容，在场内悬挂横幅，门口张贴欢迎和庆祝标语。一般大型的会议，可在会场摆放适当的青松盆景、盆花，主席台上可悬挂国旗、党旗，或悬挂国徽、会徽。桌面上如需摆放茶杯、饮料，应擦洗干净，摆放美观、统一。

坐席的布置要适合会议的风格和气氛，讲究礼宾次序。

如图 3-12 所示，采用圆桌型布置有利于与会者同领导之间互相交换意见，适合 10 ~ 20 人的会议。在座次安排时，上级领导或来宾应坐在面朝南或朝门的位置，来宾中职务最高者坐在正中间，企业领导及陪同相对而坐。

如图 3-13 所示，采用口字型布置适合较多人数的会议，如座谈会、联欢会。

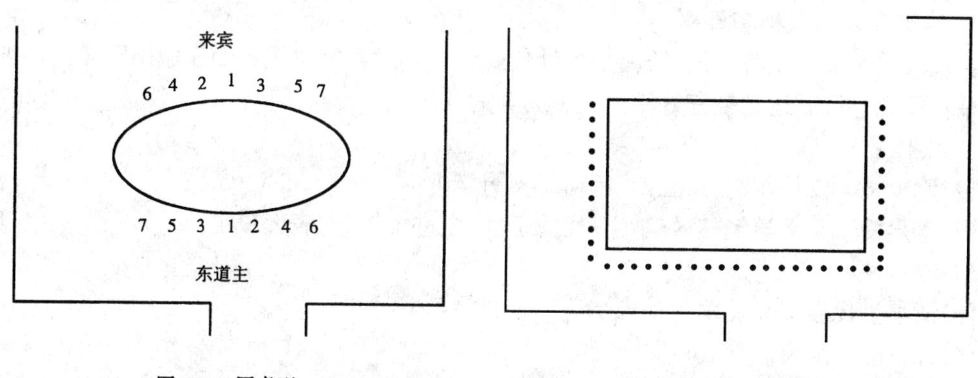

图 3-12 圆桌型　　图 3-13 口字型

对于比较严肃正规的会议，可以采用如图 3-14 和图 3-15 所示形式安排。前者突出了与会者的等级，表现最高领导者的权威性。后者次体现了东道主与来宾平等相处和对来宾的尊重。

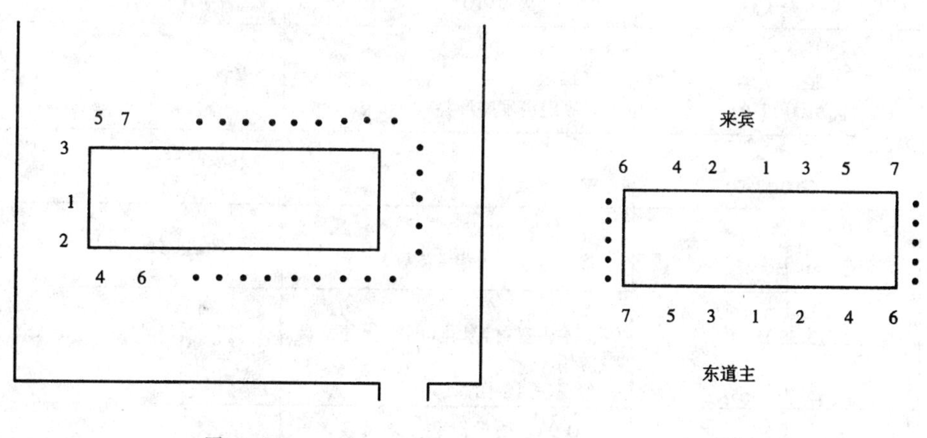

图 3-14　　图 3-15

教室型布置，如图 3-16 所示，通常在传达文件或作报告时采用，它适合与会者人数比较多的会议。主席台的座次按人员的职务、社会地位排列。

在会场的布置中还应注意：安排座位时，对重要的来宾，应划定区域或标明座位；会场的布置应烘托会议气氛，如庆祝会应布置得喜气洋洋，座谈会、讨论会应体现和谐、平等的气氛；音响和灯光应和开会气氛相协调，开会前检查音响、灯光，以防出现问题；茶叶配备应根据会议档次、来宾身份等情况布置。如果准备赠送来宾礼物，应提前准备。

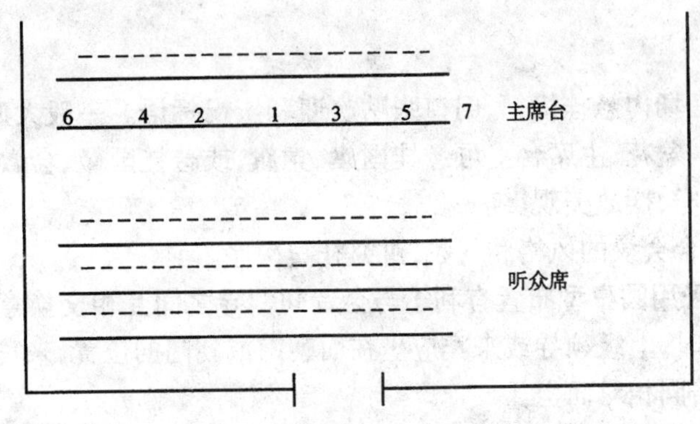

图 3-16 教室型

4．确定会议的议程和日程

会议议程是对会议各项活动，诸如各种仪式、讲话、发言等按先后顺序做出安排。例如：某学校举行纪念“五四”运动暨三好学生表彰大会的议程是：

(1)奏国歌；

(2)请×××校长作纪念“五四”运动××周年讲话；

(3)宣读关于××学年“三好学生、优秀干部、先进集体”的表彰决定；

(4)颁奖；

(5)请学生代表×××发言；

(6)宣布会议结束。

会议日程指根据会议计划和进程，逐日做出的安排。例如：×××会议日程安排，如表 3-1 所示。

会议日程表　　表 3-1

时间		内容	报告人
6 日	全天	报到	
7 日	上午 8:30-9:00 9:00-12:00	开幕式 国家经济发展形势	体改办
	下午 14:00-17:00	WTO 规则	外经贸
8 日	上午 9:00-12:00	就业与培训的相关问题	培训就业处
	下午 13:30-15:30 15:30-17:20	技术讲座：信息化、网络化的发展及应用 参观联想集团总部	联想集团
9 日	上午 8:30-11:00	ISO 9000 质量标准体系及教育质量认证	世标认证中心技术指导中心
	下午 14:30-16:30 16:30-17:30	校长论坛 研修活动总结	培训就业处
10 日	全天	返程	

5．准备会议相关资料

在会上所需的各种资料如笔记本、文具和会议资料等应事先准备好，并装人文件袋内。

6. 与会人员的礼仪

对于会议组织者，主要体现在恪守职责上。在会议开始前，要热情地做好邀请工作，会议参加者到达会场后，要热情地接待、介绍。会议进行中，要注意及时发现问题，及时采取措施。会议结束后，又要热情地做好送行工作。做到有求必应、有问必答、不厌其烦。

对于会议主持人，要处处做到尊重别人的发言和提问，不能用任何动作、表情或语言来阻止别人。还要把握好会议的主题和时间，不使会议拖得太长。

对于会议发言者，发言之前，先稳定一下情绪，面带微笑向主席台和听众点头致意或鞠躬，表示对他们能听你发言的感谢。如果会场里掌声响起，应鼓掌答礼，待掌声静落之后，再开始发言。发言时应语言清晰、条理清楚，观点明确，使用普通话，并掌握好讲话的节奏。发言结束时，应向与会者说声“感谢”。

对于参加会议人员，应做到服饰得体、举止大方，听从会议组织者的安排，按时参加会议并遵守会议纪律。要注意倾听别人的发言，作好记录。不要随便打断别人的话，对于别人的发言要适时鼓掌致意。会议过程中，不能随意离开会场，如确需提前离会，应向有关人员说明原委，并表示歉意，征得同意之后才能离开。

(九)办公室礼仪

文明礼貌的工作环境是人们共同努力的结果，同事之间应遵守一定的礼仪准则。

1.干净整洁的工作环境

工作环境的卫生包括个人卫生、个人心理卫生、办公室卫生和环境的美化等方面。公共卫生在礼节方面的意义主要体现在集体与个人之间的相互尊敬，体现在集体中的每个成员对他人、对社会的尊敬和负责。干净、优雅的环境能振奋人的精神和情绪，反之，肮脏杂乱的环境容易引起人们的厌恶并败坏情绪。每个人都应讲究个人和公共卫生，服装、设备、用具等都要符合本行业的卫生规定和人们的心理习惯，任何疏忽和不良习惯都可能妨碍人际交往和业务工作的开展。这既是卫生问题，也是个人和单位待人接物的基本礼节。

2.相互尊重、注意小节

无论在社交场所或办公室都应尊重别人，约束自己，注意小节。比如，同事之间每天第一次见面要互相打招呼并问好；对来访者应主动问好，这样能使办公室的文明程度大大提高，人与人之间的关系更加融洽，工作配合更为协调；同事之间说话应轻柔、简捷明快、不要干扰他人工作；当一方站立说话时，对话的另一方应站起来以示尊重；不以职位论尊卑，对上级、同事和下级应一视同仁；不要无端进入别人的办公室、工作场所打扰别人，更不要在工作时间说闲话、聊天；进入工作场所要注意站相、坐相，不要斜倚或坐在别人办公桌上。当他人出现了礼仪礼节不周之处，不要斤斤计较、耿耿于怀，每个人都应该严于律己、宽以待人。

3. 互相协调、互相支持

同事之间，工作各有分工，但同时又需要互相配合和协作。在与他人的配合中要守信、守时、守约，不得轻许而失信，要真诚主动地帮助他人，自己分内工作不要轻易推给他人，需要求助他人时要看对方的忙闲程度，并以请求的态度与对方商量。工作时间内，外出要打招呼，交代清楚自己的去向和需要代为办理、应酬的事。能主动承担任务，出现问题时不要推诿责任。

(十)求职礼仪

我国市场经济的建立，给企业用工制度带来了改革，为人才的合理流动提供了前提和条件。因此，大中专技校毕业生跨出校门的第一步将是向社会、企业“推销”自己。如何寻找到理想的职业岗位,如何在面试时恰如其分地表现自己,有着很大的技巧,也必须遵循一定的礼仪要求。

1.做好求职的准备工作

择业前要正确审视自己,准确地进行自我定位。求职者应树立正确的择业态度,正确审视自身的能力,将自己的理想、志向和兴趣与社会需求,单位需要结合起来,树立适应社会需要和自身发展的就业观。

要了解用人单位需求和用人单位情况。通过大众媒体和学校牵线,广泛了解用工信息,掌握用工单位的性质、发展前景、业务情况、工作地点与环境、薪金待遇等,以便于应聘。

努力增强竞争实力。择业前要认真学好基础知识,掌握专业技能,做到学有所长。重视心理素质、知识素质、体能素质的训练,培养健康的心理个性,同时应多读一些关于应聘方面的书籍。

2. 写求职信的礼仪

求职信是求职者自我推荐和自我推销的一种手段,写求职信是就业谋职的第一步,求职信的写作一般由开头、正文、结尾、署名四个部分组成。

开头。信的开头先写收信人称呼,要注意表示尊敬、亲切、有礼貌,并符合收信人的身份。到商业部门谋职一般可以称:“尊敬的××总经理”或“人事处领导”等。称呼写在第一行,顶格书写,称呼之后用冒号。

正文。主要介绍个人基本情况和用人单位招聘消息来源。首先介绍你的姓名,就读学校、专业,然后写出用人信息或招聘消息的来源,说明自己的希望,申请哪个工作及理由。在说明理由时,最好能体现你对单位的关注与好感,适度地谈些你和你亲友、社会对该单位的好印象。谈谈自己对该单位工作的兴趣、专业知识、技能、经验、性格能力和意志,这是求职信的核心部分。结束语表示你在等对方的回音,并且要表示希望有面谈的机会。

结尾。一般先写表示祝愿的或敬意的话,一般是另起一行空两格写“敬礼”、“再见”或另起一行空两格写“此致”,转一行顶格写“敬礼”。

署名。写清自己的姓名及通讯地址、电话号码。若需要通过别人代转的,要写清楚代转人的姓名、电话号码、通讯地址。署名之后,写上发信的年、月、日。

求职信篇幅一般以两页信纸为好。若过长,对方没那么多时间看,还会感到烦躁;过短,则说不清问题,表现不出特色,容易被淘汰。

在写求职信应把握好以下几点:

(1)要有针对性。要针对招聘单位的性质和岗位特点,发挥自己的长处,阐明自己的观点。在众多求职者相差无几的情况下,究竟谁能被录用,就看谁能表现出自己与众不同,又能被对方所欣赏和接受。

(2)突出重点。就是要突出哪些能引起兴趣,有助于获得赏识的项目。主要包括专业知识、经验、特长和个性特点等,也包括文体特长、语言特长、书画美术特长、社会特长等。

(3)强调特点。招聘者很看重个人的经验和实际能力,有必要着重介绍一下你这些方面的情况。有的同学可能认为自己还未毕业,没有经验好写,其实你可以谈谈与人相处、管理工作或实习的经验等。

(4)体现个性。几乎所有的用人单位都希望录用良好个性的人,特别是喜欢充满热情活力的人,因此在信中的字里行间要反映出你的热情和活力。有的用人单位因为工作需要,要求个性沉着、老练的人,要适度表现个性。

求职者除了写好求职信,还应附上一份详细的个人简历和附件。

简历是用来简要而有重点地介绍自己，是本人真实、完整、准确的情况反映。标准、规范、富有吸引力的个人简历，会给招聘人员留下深刻的印象，同时为自己争取到面试的机会：

一份好的个人简历,应该具备以下主要特征:

第一、整洁:个人简历是书写应非常认真,而且保持书面整洁。

第二、简明:用简洁明快的语言,而不需华丽词语的描述。一般的个人简历的长度以一页为限。如果具有丰富经历,谋求高级职务的求职者,篇幅可以稍长些。

第三、准确:个人简历要求准确地、恰如其分地评价自己;准确地使用专业名称、术语;准确地运用书写格式;不能写错别字或漏字,不能有涂改。

第四、真诚:撰写个人简历一定不要夸张,也不要消极评价自己。如一名学生在简历中写道:我没什么文化,也没什么特长,但我有信心,努力去把工作做好,试想有哪个企业会使用这样一个“文盲”呢?

个人简历一般采用推荐表,推荐表的书写格式,如表 3-2 所示。

××学校毕业生就业推荐表

表 3-2

<table>
<tr><td>姓名</td><td></td><td>性别</td><td></td><td>出生年月</td><td></td><td>籍贯</td><td></td><td rowspan="3">像
片</td></tr>
<tr><td>专业</td><td></td><td>学历</td><td colspan="2"></td><td>政治面貌</td><td colspan="2"></td></tr>
<tr><td>健康状况</td><td></td><td>就业意向</td><td colspan="5"></td></tr>
<tr><td rowspan="2">主要学科成绩及技能考核成绩</td><td></td><td></td><td></td><td></td><td></td><td></td><td></td><td></td></tr>
<tr><td></td><td></td><td></td><td></td><td></td><td></td><td></td><td></td></tr>
<tr><td>自我签定</td><td colspan="8"></td></tr>
<tr><td>爱好及特长</td><td colspan="8"></td></tr>
<tr><td>受过何种奖励</td><td colspan="8"></td></tr>
<tr><td>班主任意见</td><td colspan="8"></td></tr>
<tr><td>学校意见</td><td colspan="8"></td></tr>
</table>

邮码：　　　　　　　　　　电话：

附件的内容大体应包括:学历证明、获奖证书(包括三好学生、优秀班团干或劳动积极分子等),以及发表过的文章。当然不一定每封信必须附上全部材料,可根据具体情况而定。

不论是求职信还是填写简历或推荐表,都要做到字体端正、书写整洁、句子通顺,千万不能写错字、别字或漏字,注意标点符号。

3. 面试礼仪与技巧

端庄的仪容仪表会给主试人形成良好的第一印象。学生面试时的着装,应该体现学生的特点，即得体朴素、整洁大方。男生可穿质地一般、不必配套的西服，也可穿衬衣、夹克，但不宜穿花衬衣、背心、西装短裤。女生可穿西裙、连衣裙、裤装、夹克、宽松的毛衣等，但不宜穿过于暴露、时髦、高档的服装，也不要穿跟太高的鞋子。男女生都不要戴首饰，女生要淡妆，不要浓妆艳抹，不要染红指甲；男女生的头发都应梳理整齐。

面试时应举止沉着、恭敬有礼、不亢不卑，富有个性，具体做到：

(1)不迟到。时间观念是面试的主要内容之一，因此面试必须了解面试的时间、地点、路线，要准确计算到达面试地点的时间。

(2)进入室内时，应先敲两下门，等对方说"请进"时，才可进入。推开门后，先向对方行点头礼或鞠躬礼，并说"您好"或"各位好"，然后关上门。

(3)走到室内，应恭敬地自我介绍，并说明来意。当对方主动握手时，你才能上前握手。

(4)当被允许坐下时，说声"谢谢"，然后在离对方 1 ~ 2m 的地方，面向对方坐下。如对方未请你坐下，应礼貌地询问："我可以坐下吗?"然后等对方回答后再坐下。坐时应采用比较正规的坐姿，尽力表现出轻松、自信、谦虚的神态。

(5)注视对方讲话的神情，静心聆听所提的问题，然后从容回答，不可半途插嘴、反问。

(6)回答问题要简明扼要，用词准确。在谈论自己的设想、建议、计划时可详细论述，但言谈必须礼貌，对自己的评价要恰如其分。提到公司时要称"贵公司"。

(7)当对方有意打断你的话时或正好两人同时开口时，你应该立即停住，请对方先说。谈话时，尽量少用手势，最好使用普通话，如果对方不介意使用何种语言，可以选用最能表现自己口才的语言。

(8)称呼准确。"小姐"、"先生"、"女士"等称呼在公司里普遍使用，但如应聘的是事业单位、工会团体等，应称呼对方"同志"。

(9)对方示意面谈结束时，应平稳地站立，行礼、道谢，还可以有礼貌地询问，什么时候到哪里了解面试结果，然后有礼貌道别。如果对方送你，应真诚地请他留步。

在面试时应特别注意的是不要带礼物去面试。面试是比较严肃的场合，带礼物去面试，会给对方有受贿的感觉而弄巧成拙；不要用对方听不懂的方言讲话。回答问题时要口齿清楚，语言尽量通俗易懂；不要东张西望，不要有抖脚、挖耳，用手击桌子的动作，给人感觉你心不在焉或没有礼貌；不要过多询问福利待遇和住房问题。过多询问福利待遇问题，让人感觉你在追求享受，为自己的利益考虑太多。如果需要了解，也应委婉提出，讲究礼貌，不可用责问的口气；不要带他人一起去面试。带他人一起去面试，很容易让对方认为你的依赖性太强，没有独立能力。除非陪你去的人与对方有关系，可起到一定的推荐作用，那就另当别论了。

如果对方当场决定录用你，而你能当场接受聘用时，要向对方表示谢意，但不要表现得太激动以致语无伦次。感激之情的表达要适度，要保持冷静，切忌失礼。

如果不能当场接受对方的聘用，就应请求对方给一些时间进行考虑，再作出慎重决定。要告诉对方不能马上决定的客观原因，例如一些事情需要向家人通报，千万不要说还要到几家单位面试后才能决定。

如果对方的条件不是你所希望的，而对方又当场决定录用你，那么你可以婉转地告诉他你不能任职的原因，或是请他再考虑你提出的条件，这时的语气不能含含糊糊，也不能有不耐烦的迹象。不要忘记感谢对方为你花费的时间与精力，表达你的歉意，最后彬彬有礼地告退。

第三节　公关专题活动中的基本礼仪

公关专题活动是围绕某一明确主题且必须经过公关人员的精心策划才能实现的特殊公关活动。其目的是为了树立良好的组织形象，扩大社会影响，同某一部分公众进行重点沟通和协调。

一、庆典仪式

庆典仪式是指围绕重大事件或重要节目而举行的庆祝活动仪式。随着社会的发展，政治、经济活动愈加频繁，各种庆祝活动越来越多，社会组织也利用各种事件举行庆典活动，以协调公众关系，加大企业宣传，提升企业信誉，扩大企业影响。在庆典仪式中遵守相应的礼仪规范，才可能使庆典收到预期的效果。

(一)开业典礼

开业典礼是指组织或企业隆重举行的庆祝仪式。其目的主要是为了扩大宣传，树立企业形象，招徕顾客，争取生意兴隆。开业典礼应注意以下事项：

(1)做好舆论宣传工作，运用传播媒介，广泛张贴告示，以引起公众的注意。这种广告的内容一般应包括：开业典礼举行的日期和地点、企业的经营特色、开业时对顾客的馈赠和优待、购物折扣；顾客光临时应乘坐的车次、路线等。应把广告设计得美观、大方、有特色，因为这也是树立企业形象的重要方面。

(2)应在适当范围内发送请柬。开业典礼是否成功，在很大程度上与参加典礼的主要宾客的身份、职能部门的范围和参加典礼的人数有直接关系。因此，在开业典礼准备工作中，邀请上级领导、知名人士、各职能部门负责人或代表是非常重要的。还应多方邀请兄弟企业和关系密切的团体、事业单位、个人及新闻媒介方面的人士等参加。

写好的请柬放入信封内，提前几天邮寄给有关单位和个人。重要人物的请柬，最好专人面呈。

(3)做好充分物质准备。首先做好开业典礼现场物品购置工作，如会标、彩带、气球、鞭炮等喜庆用品要一应齐全；其次准备好纪念礼品。可准备一些本企业广告宣传品、经营的小商品，带企业标志、地址、电话、经营范围的文具用品或其他日常用品赠送给来宾。物质准备，既要隆重，又要得体。体现“热烈、隆重、节俭”。过分简单，不会引起重视达不到宣传效果，甚至给人以匆匆开业、草草了事的印象；庆典规模过大，赠送礼品昂贵，又会使人感到哗众取宠、铺张浪费，也有损企业形象。

(二)开业典礼的基本礼仪

开业典礼一般是按照约定俗成的形式进行。开业典礼仪的现场，大多设在企业大门口，并悬挂会标，如：“×××开业庆典”或“×××开业典礼”。主席台两边可摆放兄弟单位赠送的花篮、牌匾、纪念物品，会场四周可悬挂彩带、宫灯、气球等。

要认真拟定典礼程序。开业典礼开始时，企业主人应向来宾简单致词，向来宾及祝贺单位表示感谢，并简要介绍本企业经营特色和经营目标等。接着，可安排上级领导和来宾代表在会上致贺词。整个讲话仪式应紧凑简洁。为了增强气氛，在宣布开业典礼正式开始时，可奏乐或播放节奏明快的乐曲，在非限制燃放鞭炮的地区，可燃放鞭炮庆贺。宣布开业典礼完毕后，主人即可引导来宾到企业内参观，边陪同参观，边介绍本企业的主要设施、特色商品、经营打算并征询意见等,以融洽与同行及来宾的关系。也可将来宾请到会客室进行简短的座谈,或请来宾在留言簿上签字、合影留念。

开业典礼仪式结束后,商品零售企业会有大批顾客随主人及来宾一同进入店内,企业应有领导人、部或柜组负责人和营业员一起,恭敬地站在店门迎接顾客光临。对刚开业的首批顾客,营业员更应注重售货礼仪,适时地征求顾客意见,主动介绍商品,热情为顾客购物当好参谋,感谢顾客所提的意见,欢迎顾客常来光顾。还可准备一些特制的购物袋,上面印有开业典礼、经营范围、地址电话等字样,赠送给顾客作为纪念。有的企业开业之初几天之内对首批顾客给予购物折扣的优惠,也是一种公关礼仪和宣传仪式。

二、新闻发布会

新闻发布会是政府、企业、社会团体和个人通过邀请各新闻机构记者向社会发布重要信息的会议。在会上,记者可以向会议召集者就发布的有关信息进行提问,所以也将此种形式的会议称作记者招待会或信息发布会。其形式郑重,规格较高,可信度大。举办新闻发布会,要注意以下有关礼仪。

(一)新闻发布会的准备

1. 确定会议的主题

企业可以开发的新闻资源很多:搬迁、义卖、赞助活动,推出新产品等,都有很高的新闻价值。公关人员应及时抓住这些机会,开发成有利的新闻。新闻发布会就是将这些作为中心议题的。确定议题后,应围绕主题,对记者可能提及的范围进行预测,做好充分准备。

2. 确定新闻发布会的时间和地点

新闻发布会举行的时间,应尽量避开节假日和有重大社会活动的日子,以免记者们难以参加。在地点选择上要多考虑给记者创造各种方便采访的条件,如录像、拍照的辅助灯光、视听辅助工具。会议地点要交通方便,环境要安静不受干扰,会场的桌椅要尽量适用于记者记录用。

3. 选择新闻发布会的主持人和发言人

由于记者的职业要求和习惯,他们大都会提出一些尖锐、深刻,甚至很棘手的问题。这对主持人和发言人提出了很高的要求。主持人和发言人必须对问题敏感,思维敏捷,反应快,口齿伶俐,有较高的文化修养和专业水平,否则难以胜任。主持人和发言人最好由企业领导来承担,因为他们对企业的情况清楚明白,回答问题具有权威性。新闻发布会,一般由主持人简介会议概要,而后由主要发言人详细发言。会前,要对所要传递的信息和所解释的问题,做必要的准备。

4. 择定邀请对象

新闻发布会主要是邀请记者,邀请的范围要根据发布新闻的内容和要求来确定,覆盖面要广些,各方新闻机构都要照顾到,特别要注意对各位记者要一视同仁,不能厚此薄彼。同时还可邀请一些名流和有关专家,以提高会议的规格,增加可信度。

5. 其他准备

安排好座位,在桌子上为宾客们摆好名牌,以便相互认识和避免混乱。与会的企业领导、工作人员、服务人员都要佩戴胸章,上面要有照片、姓名、职业等。参加会议的企业领导、工作人员都要穿戴整洁得体,精神饱满,体现出企业风貌和自身修养。

(二)新闻发布会应注意的礼仪

(1)会议主持人要充分发挥主持和组织作用,始终把握会议主题,注意掌握好会议时间,维持会议秩序。并且以庄重的言语和感染力,活跃整个会议气氛,引导记者踊跃提问。

(2)会议发言人的发言应重点突出,语言生动流畅吐字清晰,所发布的消息必须准确无误。对记者提出的各种问题,应诚恳、明确地给予回答,对于个别记者的特殊提问要求,也应尽量给以满足。

(3)不要随便打断记者的提问,也不得以动作、表情和语言对记者表示不满。对记者带有偏见或带有挑衅性的提问,应以平静的话语和确凿的事例加以纠正或反驳。

(4)对于不愿发表或透露的消息,应婉转地向记者作解释,记者一般会尊重组织者的意见,如果吞吞吐吐,反而会使记者追根问底,造成尴尬局面。对于回答不了的问题,不能简单地说"不清楚"、"我不能告诉你"等,应采取灵活的办法巧妙地回答,切忌由此引起记者的不满和反感。

三、展览会

展览会是通过实物、文字、图表及示范表演展现企业成果、风貌、特征的宣传形式。展览会是典型的综合运用多种传播手段的公关专题活动方式。

(一)展览会的特点

1. 复合性

展览会通常要同时运用讲解、交谈、宣传手册、介绍材料、录像、幻灯、广播等多种传播媒介传递信息。它能够综合多种传播方式的优点,产生显著的沟通效用,对新闻单位具有独特的吸引力。

2. 直观性

展览会具有非常直观、形象和生动的特点,置身于展览会中,能够产生真实可信、言之有据、观之有物的感觉,符合眼见为实的公众心理,能够有力地增进公众对企业的了解和信任。

3. 直接沟通

展览会给企业提供了与公众直接沟通的机会。这种直接沟通在让公众了解自己的同时,也了解了公众。而且,展览会提供了实物、图片和文字,使观众可以仔细分析和品评讲解员的介绍和解答,更可以消除各种疑问,使参观者心服口服。

(二)展览会应注意的礼仪

1. 确定展览会的主题和目的

每个展览会都应有一个明确的主题和目的,并据此决定展览会中使用的沟通方法、展览会形式和接待形式,成立专门对外发布新闻的机构,负责展览会的新闻发布及对外联系事务。

2. 明确参观者类型

参观者是展览会的服务对象,参观者的类型影响着信息传播手段的复杂性和多样性。在展览会的策划阶段,应该对展览会的目标公众的范围及其特点有基本的估测,以便对展出项目、宣传方式、资料的深度做出适当的安排,使参观者感到满意。

3. 展览会的地点

展览会要选在交通方便、容易寻找的地方。周围环境要与展览会的主题相得益彰。展厅的布置、辅助设备等要处处考虑到参观者的要求,如在入口处设置咨询处、制作展览会的平面图等。

4．培训工作人员

展览会工作人员的素质和展览技能，直接影响着展览会的效果。因此必须对展览会工作人员，如讲解员、服务员、接待人员等进行良好的公关训练，并对展出的项目进行基本的专业知识培训，以满足展览会的要求。

5．设置辅助服务机构

在筹备展览会主体时，还要考虑相关的服务。如设置产品订购洽谈室，安排文书业务、邮政、交通、停车场等。

6．其他物质准备

除了展厅中的展品准备之外，还要搞好展览会所需的其他物质准备，包括各种辅助宣传材料，如各种小册子、目录表、幻灯和录像等。还可以设计制作展览会徽志、纪念品等。

总之，处处为参观者着想，为参观者提供方便，注重礼仪，尊重来宾，是展览会成功的保证。

四、国际礼宾常识

（一）礼宾次序

礼宾次序，就是依照国际惯例，对参与国际交往的国家、团体和个人的位次所排列的次序。礼宾次序体现东道主对各国宾客所给予的礼遇，在一些国际性的集会上则表示各国主权平等的地位。

礼宾次序的排列，各国的做法并不完全一致。常用的有以下三种排列法：

1．按官职排列

按外宾的身份与职务的高低顺序排列是礼宾次序排列的主要根据。在官方活动中，通常采用这种方法安排礼宾次序，如按国家元首（正副职）、政府总理（正副职）、部长（正副职）等顺序排列。在国际会议上，可依照各国代表团团长的身份与职务的高低，来安排礼宾顺序。如果外宾的身份、职务相仿，则应以声望、资历和年龄为礼宾次序。

2．按国名排列

按参加国国名的字母顺序排列一般是以英文字母顺序排列的，如国际会议、国际体育比赛等。联合国大会的席位次序即按英文字母排列。

3．按时间排列

这种方法按派遣国通知代表团组成的日期，或按代表团抵达活动地点的时间先后，或按派遣国决定应邀派遣代表团参加该项活动的答复时间先后排列。无论采取何种方法，东道国在致各国的邀请书中，都应加以明确注明。

在实际工作中，礼宾次序的排列常常不能按一种方法排列，而是交叉使用几种方法，并综合考虑其他因素。如国家间的关系、地区所在、活动性质、内容和对于活动的贡献大小，以及参加活动者的威望、资历等。因此在礼宾次序安排工作中，要全面、周到、细致、耐心、慎重地考虑设计多种方案，以避免因礼宾次序方面的问题引起不必要的误解或麻烦。

（二）国旗悬挂

国旗是一个主权国家的象征和标志，它代表着一个国家的地位和尊严。在国际交往中，悬挂国旗表达了宾主对自己祖国的热爱和对他国的尊重。国旗的悬挂有严格的规范。

按国际关系准则，一国国家元首、政府首脑在他国进行访问期间，有权在其住所及使用的交通工具上悬挂本国国旗或元首旗，这是一种外交特权。东道国在接待来访的外国元首、政府首脑时，在贵宾下榻的宾馆和乘坐的交通工具上悬挂对方或双方的国旗，是对贵宾表示敬重的礼遇。此外国际上还公认，一个国家的外交代表在派驻国境内有权在其寓所和馆区、办公处，以及交通工具上悬挂本国国旗。

在国际会议、国际体育比赛、国际展览会上，以及国际组织等国际性活动场所，均需悬挂与会国国旗。各国政府代表团团长或特使亦可按会议组织者有关规定在相关场所和车辆上悬挂本国国旗。

《中华人民共和国外交部关于涉外升挂和使用国旗的规定》第十四条规定："在中国国境内，凡同时悬挂多国国旗时，必须同时悬挂中国国旗。在室外或公共场所，只能升挂与中国建立外交关系的国家的国旗。如果升挂未建交国国旗，必须事先征得省、自治区、直辖市人民政府外事办公室批准"。

按照国际惯例，悬挂国旗，亦必须遵守"礼仪右为大"的原则，即右在先，右为上，右居首，右称尊。需要说明的是，国际礼仪左、右的概念是从事物本身的角度来划分的，而不是以观众的观察角度来区分的。例如两国国旗并挂，以旗本身面向为准，客方国旗在右，本国国旗在左。汽车上挂国旗，则以汽车行进方向为准，驾驶员右手为客方，左手为主方。所谓主客，不以活动举行所在国为依据，而以举办活动的主人为依据。例如：外国代表团来访，东道国举行的欢迎宴会，东道国为主人；而来宾举办的答谢宴会，来宾是主人。

在建筑物上或在室外悬挂国旗，一般是日出升旗，日落降旗。升旗时候，护旗人要托起国旗的一角，国旗触地是极不严肃的。重要的时刻，如外宾来访、国际体育比赛、国庆庆典等，升旗时需奏国歌。升国旗一定要升至杆顶。司职人员在升降国旗时，要严肃认真、服装整齐，立正行注目礼，表情庄严、肃穆。如需降旗致哀，则先将旗升至杆顶，然后再降下。国际上有的国家致哀时不降半旗，而是以在国旗上方挂黑纱表示。

悬挂国旗，有并挂、竖挂、交叉挂几种。国旗不能够倒挂、反挂。一些国家的国旗因字母和图案原因，不能竖挂。如果并列悬挂不同规格、尺寸的国旗，应将其中一面放大或缩小，以使旗的面积相等一致。各国国旗的颜色、长宽比例均由本国宪法明文规定，国旗图案不能在商品广告、产品宣传等非正式场合乱用。更不允许撕扯、践踏、焚烧国旗。不能使用破损或污损的国旗。

(三)国歌演奏

国歌如同国旗一样，是一个国家的象征，一般只在正规的迎送场合和仪式上演奏。

外国元首、政府首脑来访时，在欢迎仪式上，要由军乐队演奏两国国歌。为了表示对客人的尊重，通常要先行演奏外国国歌。在运动会的颁奖仪式上，当升国旗时，伴奏本国国歌。

有些国家规定，在正式场合演奏国歌，本国公民都应跟着旋律轻声应和，有的还要求行举手礼，军人行军礼。我国在这方面没有明文规定，但要求在演奏国歌的时候，在场的人要起立，姿态端正，表情严肃，任何人不应嬉笑喧哗，不应在场内随意走动，尤其是在演奏别国国歌时，观众更应肃然起立，以表示对该国的尊重。

国歌的曲调和配器都有严格的规定，任何人不得擅自更改。不能用在娱乐场所，如在酒吧或歌舞厅里演奏或演唱国歌。

(四)仪仗队

国家仪仗队一般由陆海空三军或单一军种的人员组成，人数和使用的场合各国的规定和习惯不尽相同。我国陆海空三军仪仗队组建于 1953 年 5 月，一直担任着迎送外国领导人的礼仪仪仗任务。

第四节 礼 仪 实 习

礼仪实习是公关交际礼仪教学的重要组成部分，是学生获得社会交际能力的必要途径，是提高学生综合素质的重要保证。通过礼仪实习，在老师的具体指导下，使学生把公关交际礼仪知识转化为熟练开展公关交际活动的技能技巧，使学生成为知礼、守礼、施礼的公关交际人才。

一、礼仪实习的要求

(1)在礼仪实习中必须注意礼仪的规范性、系统性，严格按照不同礼仪的特有内容，确定实习课题，指导学生反复进行训练，使学生在系统而规范的礼仪实习训练中熟悉和掌握常用礼仪的操作要领和技巧。

(2)礼仪实习要以实用为原则，在确定课题单元和进行程序时，要把常用礼仪礼节如迎送宾客、前台接待、庆典主持、公务洽谈、现场采访、礼仪演讲等列为重要项目，有目的地进行实习操作。

(3)在礼仪实习期间，要注意培养提高学生随机应变，应对各种复杂场面，处理各种人际关系的意识和能力。根据交际的具体场景和对象设计一些需要应变的场合、情景，包括互不相容的场面，强化实习训练，让学生从具体的实际操作中增强应变能力。

(4)礼仪实习期间是向学生进行职业道德教育的最佳时机，在气质、风度、性格、习惯、职业道德等方面要制定与礼仪实习配套的培养指标，按照要求、因人而异地从严教育，以养成学生热情、诚恳、自尊、勤奋、耐劳、彬彬有礼的品德。

二、礼仪实习的方法

(一)模拟实习

模拟实习是假设的某些人员在某种场合里的礼仪交际，模拟的基本要求为真实、实用、重点突出。有条件的学校及其他培训单位，还可以组织化妆模拟实习，交际双方的穿着打扮、道具都要正规化。

模拟实习的特点是假戏真做。它要求设计合理、角度新颖、组织严密、气氛活跃，通过有计划的模拟训练，使学生获得技能，巩固知识。实习场所的选择根据实习目标决定，教室、礼堂或者广场均可。

(二)现场实习

现场实习就是组织学生到礼仪交际场合观摩，如剪彩、授奖、开幕式等。在现场观摩前要做好以下准备：

(1)根据教学进度有目的地选择见习现场，要取得主人的同意和支持。

(2)向学生指明见习目的、见习要点、见习方法以及见习反馈的要求等，使学生观有所得，得有所悟。

(3)整理学生装束，要求整齐、美观。还要求学生的气质、风度同现场氛围协调，在现场要博得公众的注目和喜爱。有些礼仪需要实地见习但又没有机会时，可用模拟实习代替。

(三)岗位实习

岗位实习是学生掌握礼仪交际的一种主要形式，是在实习教师的指导下按照课题和岗位礼仪的要求进行的礼仪操作训练。实习的每一个阶段都应有明确的内容和考核的指标。对分散在不同地方实习的学生要随时同有关负责人密切配合、控制实习过程、掌握学生动态，以便把学生的岗位训练抓出成效来。

在岗位实习期间，还要同有关专业人员一起制定实习教程，争取在单项实习的基础上进行礼仪系列实习，使学生成为礼仪交际的多面手。学生自己要主动、积极地向所在单位的公关人员学习，写好实习日志，交老师审阅。

（四）知识竞赛

知识竞赛和技能表演可以同时进行。口述题、表演题等都要根据教材内容中的实用礼仪，组织专业教师、公关专家拟定，邀请当地公关交际专员、社会知名人士、专业主讲教师任评委，对学生的礼仪知识和礼仪交际能力进行现场考核、评定。在这项活动中还可以穿插礼仪演讲、机智交谈等项目，使学生进一步认识到礼仪知识、交际能力、公关口才同自己职业的密切关系，从而付出更多的精力学习和研究交际礼仪。

三、礼仪实习策划

（一）礼仪实习的创意

创意就是从企图、场合、环境、情态、组织程序、工作流程等方面，进行全面的思考和部署，即预先确定清晰的思路和缜密的步骤。创意要求充分应用形象思维，设想和策划礼仪实习的运行过程，从情境的创设到效果的制造，都必须经过创意纳入总体计划，以发挥成功的创意对礼仪实习的有效约束作用。创意要注意以下几个要点：

（1）创意是对学生的礼仪实习提出全方位要求，以激励他们向多面手发展。

（2）创意是对学生的礼仪实习从情境、气氛的调节，转换到礼仪形式的现实反应。

（3）创意是对学生的礼仪实习在课题结构及衔接机制、技能量化考核指标等方面，作出科学的实用的具体规划，从而既能在宏观上统领全盘实习，又能在微观上指导课题训练。

（二）礼仪实习课题

（1）仪容仪表型课题：如化妆、服饰搭配等。

（2）仪态型课题：如站姿、坐姿、走姿、蹲姿、手势、递物、接物、上下楼梯等。

（3）常用礼节型课题：如握手、握手语、致意、介绍、使用名片、告辞等。

（4）礼貌型课题：如迎宾、送宾、引路、随行、咨询、接待等。

（5）商务型课题：如接待前的准备、接待礼仪、介绍商品、商务洽谈、处理纠纷等。

（6）语言型课题：如接听电话、礼貌语言运用、妙言解答、发表祝辞、谢辞、庆典主持等。

（7）系列性课题：这类课题综合性较强，它可以把迎宾、引路、接待客户、介绍商品、洽谈一直到最后送宾等一系列公关活动，通过“一条龙”结构全面地反映出来。

（三）礼仪实习组织

要保证礼仪实习收到良好的效果，就必须加强实习的组织工作。按照实习课题要求、实习场所特点，从课题的制定、场所的选择、岗位的确定到学生干部分工，常规考核、阶段评比、个别抽查、奖优罚劣等方面做出严密的计划、安排和一整套可行的措施，并有计划、有步骤地组织实施。同时，要把社会主义职业道德教育贯彻到具体的实习过程中，使礼仪实习真正发挥传授技能、造就人才的作用。

第四章　形体训练

形体运动是以身体练习为基本手段，匀称和谐地发展人体、塑造体型，培养正确优美的姿态和动作，增强体质，促进人体形态更加健美的一种体育运动。本章通过形体训练的学习，使学生掌握形体训练的方法并养成自觉锻炼的习惯，从而塑造良好的体态、健美的身材和强健的体魄。

第一节　形体训练的内容和作用

一、形体训练的内容

形体运动以塑造形体美为主。形体美的内容很广泛，包括体型美、姿态美和动作美。因此，形体美也必须选择多种内容，运用多种方法。

体型美是指人体的外观形状，通常采用力量练习和有氧练习。力量练习的目的是为了发达肌肉，一般多采用健身健美器械来进行锻炼，通过科学的力量练习来协调地发达肌肉，可塑造肌肉健美型的人体。男子形体锻炼多采用此练习。有氧练习的目的是为了消耗能量，一般多采用长跑、健美操等形式进行锻炼。有氧练习每次必须持续30分钟以上才会收到良好的效果，女子形体锻炼多采用此练习。

姿态美是指人坐、行的身体形态。要使形体姿态美，脊柱是关键。因此要保持身体躯干正直，除了在日常生活中注意养成正确姿势外，主要的是通过站立、走姿、坐姿等形体锻炼，形成正确和优美的姿态。

动作美是形体美的一种表现形式，通过各种体育运动项目，特别是形体健美操的练习，可以培养和提高动作的协调性、柔韧性和灵敏性，使之优美、舒展，从而显示出动作美。

二、形体训练的作用

(一)通过形体锻炼可以起到强身健体的作用

(1)经常进行锻炼，有益于肌肉、骨骼、关节的匀称与和谐发展，有利于形成正确的体态和健美的形态。

(2)经常进行锻炼，可以使肌肉纤维变粗而坚韧有力，使其中所含蛋白质及糖原等的储量增加，血管变丰富，血液循环及新陈代谢改变；使骨外层的密质增厚，骨质更加坚固，从而提高骨骼系统抗折断、弯曲、压拉、扭转的能力；可增强关节的韧性，提高关节的弹性和灵活性。

(3)经常进行锻炼，使身体变得强壮有力，并能改变心脏的功能，促进新陈代谢，从而增强人体抵御疾病的能力。

(二)通过形体锻炼可以起到健美形体的作用

所谓健美就是人体外形的匀称、和谐及比例。通过形体锻炼的力量练习，使身体各部位的肌肉得到协调、匀称的发展。通过健美操的练习，可使身体各部位脂肪减少，肌肉的协调性、灵活性增强。同时能弥补身体缺陷,使身体协调发展,塑造自己理想的体型。

长期坚持形体锻炼可使青少年形成正确的身体姿势,使他动作优美,体态矫健;使畸形、不良和不正确的姿态得以纠正。

(三)通过形体锻炼可以促进青少年身心健康发展

青春期是人体成长最快、体型变化最大的时期,女孩一般到十二三岁,青春萌动,乳房发育,骨盆变得宽大,胸、臀部的皮下脂肪逐渐丰满。男孩一般到十四五岁,身高、体重迅速增长,肌肉发达、力气增大,喉骨结节突出,胡须萌出。如果抓住这个有利时机,积极进行形体锻炼,同时注意科学的营养和饮食,就能塑造出健美的体型。因此,青春期的形体锻炼对人体匀称、和谐、健康地发展,对塑造健美的体型,起着至关重要的作用。

三、形体训练的特点

形体训练归纳起来有以下几方面的特点。

(一)形体训练的内容具有多样性

形体训练的内容多种多样、丰富多彩,既有强劲动感的健美操,也有柔情似水的形体操,还有力量型的肌肉练习。另外还包括有关饮食营养的知识等。

(二)形体训练具有一定的运动量

进行形体训练不是一两个动作或一两天的事情,要想得到优美高雅的体型体态,需要经过长时间的训练,并且达到一定的运动量。训练时,必须保持一定的练习密度和消耗一定的体力,并持之以恒,才能达到预期的效果。

(三)形体训练具有针对性

形体训练是内外结合的全身运动,运动量可大可小,动作可难可易,体力上也可自由调节。同时,形体训练也可以针对身体的某一部位、某一块肌肉进行锻炼或对某一体态进行纠正,以达到美化体型、体态的效果。

第二节　形体训练的目的和任务

一、形体训练的目的

根据汽车商务专业学校的培养目标和工作需要,形体训练的目的是:塑造学生优美的形体和仪态,并具有鉴赏、表现形体美的能力,培养学生良好的职业素养,为今后的工作奠定良好的形体基础和知识基础。

二、形体训练的基本任务

(一)全面训练,塑造优美形体

在校学生年龄处在青春期的各个阶段,身体尚未定型,身体各部可塑性较大,训练要有针对性,不可带有片面性。安排训练内容要注意搭配,腿部训练与臀部训练相结合;矫正骨形与发展肌肉相结合;胸、腰部训练与臂部训练相结合;还要根据身高来进行增减体重的训练,使学生的身体形态结构得到匀称、协调的发展。

动作姿态训练要同服务项目有机地结合,严格训练,规范动作,提高服务接待能力。

(二)掌握学生的生理特点,合理安排训练的量和密度

了解学生机体的运动系统构造,是形体训练教学的一个重要环节,这是师生们需要共同掌握的。应根据不同年龄、性别的生理和心理的特点,有计划、有目的地安排训练的量和密度。

(三)掌握形体训练的基本知识

通过形体训练,使学生学会科学健美形体的方法,养成经常锻炼身体的习惯。

(四)学生进行美育教育

形体训练要以自己丰富的内容和独特的形式,培养学生的审美观。通过形体训练教学,不仅可以使学生练就出健美的体魄,而且可以使他们懂得什么是美的动作、美的仪表、美的心灵,提高对美的感受、鉴赏、表现和创造能力。

(五)训练要贯穿思想政治教育

形体训练应根据自己的特点,把思想政治教育渗透到每个环节(课堂训练、课外训练、组织比赛)中去,培养学生良好的职业道德观。

三、实现形体训练目的和任务的基本要求

(一)建立学生形态训练档案卡

每学期分两次对学生的身高、体重、肩宽、腰围、四肢围和四肢力进行测量,并将测量数据详细记录在档案卡上。课前,教师应根据教学计划的内容,结合学生形体训练档案卡记录的数据,制订好上课内容和对每个学生进行身体训练的计划。

(二)课堂训练要与课外训练相结合

形体训练的目的、任务,是通过多种形式共同达到和完成的。课堂训练是实现形体训练目的、任务的一个重要环节,但是仅靠每周两节训练课显然是不够的,还必须利用课外活动时间(包括早锻炼),积极开展形体健美活动。

学校可结合形体训练教学内容,每学期有计划、有组织地举办形体训练项目和形体美表演比赛,推动学校形体健美活动的开展。

第三节　形体美的标准与饮食要求

一、形体美的标准

参加形体训练时,应对身体进行检查,以获得生长发育、形体和生理指标,并把每一项指标记录在表格上,以便比较。

通过以下几个方面的测定可以准确地评定自己身体的健康和健美状况。

(一)脉搏

脉搏跳动次数的多少能反映出人的心脏功能的强弱。在正常情况下,成年人在安静时脉搏每分钟跳动70次左右,进行一段时间的形体训练之后,随着心脏功能的提高,脉搏跳动次数会降低。

测定方法:哈佛台阶试验(男子采用台阶高度为40cm,女子采用台阶高度为35cm。)

面对台阶左足上台,同时右足离地上台、左足下台,接着右足下台、左足上台。如此上下反复做,要求一分钟登台30次,持续5分钟。做完后坐下休息一分钟,分别测第一、二、三分钟前30秒的脉搏次数,计算出台阶指数,计算公式如下:

$$台阶指数 = \frac{登台次数}{脉搏次数总和} \times 100\%$$

评定标准：指数小于 50%为劣，50% ~ 64%为稍差，65% ~ 79%为一般，80% ~ 89%为稍好，大于 90%为优。

（二）血压

血压是指人体内循环的动脉血压。在一个血液循环周期中，心室收缩时，动脉血压达到最高值称作收缩压（高压）；心室舒张时，血压下降到最低值称作舒张压（低压）。收缩压与舒张压之间的差，称作脉压差。我国成年人的平均收缩压为 110mmHg，舒张压为 65mmHg，平均脉压差为 70mmHg。

男子标准收缩压 = 109 + 0.5 × 年龄 + 0.1 × 体重（kg）

男子标准舒张压 = 74 + 0.1 × 年龄 + 0.5 × 体重（kg）

女子标准收缩压 = 102 + 0.7 × 年龄 + 0.15 × 体重（kg）

女子标准舒张压 = 78 + 0.17 × 年龄 + 0.12 × 体重（kg）

（三）身高与体重

身高反映一个人的生长情况。人体身高一天之内略有变化，早上高些，晚上矮些，相差约 2cm。一般地说，男子身高的增长持续到 25 岁左右，女子持续到 20 岁左右。经常参加形体运动的人的身高增长比一般人平均高 4 ~ 10cm。

体重是人体生长发育的重要指标，反映肌肉的发达程度。人的体重不宜过重或过轻。瘦长型的人只要经常进行形体练习，可使肌肉纤维体积增大，肌肉粗壮，体重增加；肥胖型的人进行形体练习，则可以消耗体内多余的脂肪，变得苗条。体重与年龄、身高也有一定的关系。

男子标准体重 = 50 + [身高（cm） - 150] × 0.75 + （年龄 - 21） ÷ 5

女子标准体重 = 50 + [身高（cm） - 150] × 0.32 + （年龄 - 21） ÷ 5

身高与体重的关系指数 = 身高（cm） - [100 + 体重（kg）]

评定的标准：男子标准的身高与体重关系指数为 5 ~ 8，女子为 3 ~ 5。若指数大于 15，则身体过于细长，肌肉无力；若指数小于 1，则身体过于肥胖。

（四）骨骼形态和肌肉围度

1. 围度的测量

颈围：反映颈部肌肉的发达程度。测量时，颈肌放松。用皮尺在被测者喉结处，与颈部长径成垂直位置测量。

肩围：反映三角肌与肩带肌的发达程度。用软皮尺围绕被测者肩部最隆起的部分测量。

上臂围：反映肱三头肌、肱二头肌等上臂肌肉群的发达程度，分为紧张围和放松围。测紧张围时，被测者一臂向斜前方平举，掌心向上握拳，前臂最大限度地用力弯曲。测试者用软皮尺围绕被测者肱二头肌最隆起的部分测量；测放松围时，被测者手臂自然下垂，手指放松，用软皮尺测量同一部位。

前臂围：反映前臂肌肉群的发达程度。测量方法是被测者两臂在体侧伸直，掌心向内握拳，量前臂肌肉最粗的部分。

胸围：反映胸大肌、脊阔肌等胸廓肌肉群的发达程度和肺容积大小。胸围分为呼气时、吸气时和安静时三种。测量时，被测者不得挺胸或驼背。测量者用软皮尺在被测者身后绕过其胛骨下角，经过乳头的上缘测量。呼气结束尚未吸气时，为最准的常态围。

腰围：反映腰腹肌的发达情况。测量部位应在脐上和骨盆上沿的交接处。

臀围：反映臀部肌肉的发育程度。测量时两脚合拢，上体正立，测臀部最隆起的部位。

大腿围：反映股四头肌、股三头肌等大腿肌肉群的发达程度。测量时，尺要平，同时被测者大腿肌肉要用力。皮尺从被测者后经其臀大肌皱皮下测量。

小腿围：小腿围反映腓肠肌和比目鱼肌等小腿肌群的发达程度。测量时，被测者小腿肌肉用力，而且应测其小腿最粗的部位。

2．骨骼形体的标准比例

(1)人的体型比例：头长是身高的1/8；肩宽是身高的1/4；两臂侧平举加肩宽的长度等于身高；小腿长为身高的1/4；肩部与臀部的宽度基本相同，大腿正面宽度等于脸的宽度。

(2)各部肌肉群的标准围度：标准胸围是腕围的5.8倍，人体各部肌肉群的标准围度与常态下的标准胸围的关系如下：

颈围＝标准胸围×38％

上臂放松围＝标准胸围×36％

前臂围＝标准胸围×30％

男子臀围＝标准胸围×90％

腰围＝标准胸围×75％

大腿围＝标准胸围×54％

小腿围＝标准胸围×36％

(3)外形：从外形看，人的形体标准为：身体健康，骨骼生长发育正常；肌肉匀称、发达、皮下脂肪适度；五官端正，两肩对称，男宽女圆；脊柱曲度正常，胸部隆起，女子胸部丰满而富有弹性，侧视有明显的线条；腰细而结实，腹部扁平而有力，男子腹部肌肉发达，臀部圆满适度；腿部肌肉线条柔和，小腿肌腱突出，足弓高而有力。

二、形体训练的饮食

健美运动的实践证明，健美运动员成材与否取决于三个条件，即顽强的毅力、科学的训练和合理的饮食。同样，进行形体训练也必须具备以上三个条件，缺一不可。特别是对于进行形体训练的练习者，更要注意饮食的合理性，只有这样才能获得一个完美的体形。

生命的存在，有机体的生长发育，各种生理活动及体力活动的进行，都有赖于体内的物质代谢过程，体内进行物质代谢必须不断从外界获得物质，主要是从食物中获取。

(一)蛋白质

蛋白质主要由C、H、O、N元素组成，主要特点是含N。构成蛋白质的基本单位是氨基酸。蛋白质的营养作用在于：

(1)供给人体N元素的唯一来源。

(2)构成机体组织。蛋白质是构成细胞的主要成分。肌肉、血液、骨、软骨及皮肤等都是由蛋白质组成的。人体组织的新陈代谢和损伤的修补，都必须依靠蛋白质。

(3)调节生理机能。蛋白质与体内许多生理机能有关。血浆蛋白质维持渗透压，球蛋白质形成抗体等。

(4)供给热能。蛋白质的主要功能不是供给热能，但由于机体内旧的已破坏的蛋白质发生分解，在分解代谢中将放出部分能量。此外，食物供给的蛋白质过多，或不能形成集体组织的蛋白质，也将被分解、氧化放出热能，每克蛋白质在体内可产生热能17.14kJ(4千卡)。

每个人的身体需求不同，所选择的食物也不同，关键在于掌握何时食用哪种食品能取得最佳的效果。如训练量大时,会造成神经系统的疲劳,这时需要食用一些高蛋白质食物及乳制品、蔬菜为主的食物,直到神经系统的恢复,钙、磷供给重新达到平衡为止。在某些时候,为了最大限度地增长肌肉,额外增加蛋白质是必要的,这时需食用大量的肉、蛋、牛奶。

人们知道,牛奶、蛋类、鱼、肉、禽等是蛋白质的最佳来源。对于进行形体训练的人来说,蛋类是最好的蛋白质来源,其次是牛奶,再就是肉、鱼类、禽类。人体内的蛋白质处于一种动态平恒状态,所以要想使肌肉生长,就要定期更换体内的蛋白质。进行形体训练的人较一般人蛋白质代谢要快得多。为此,健美运动员每天要食用大量的蛋类和肉类来补充组织对蛋白质的需求。

(二)脂肪

脂肪是由 N、C、O 三种元素组成的,脂肪可分中性脂肪和类脂肪两大类。通常所说的脂肪是指中性脂肪,它是由一份甘油和三份脂肪酸组成,故称为甘油三酯。脂肪的营养作用有:

(1)供给热能。脂肪是一种高能量的物质,一克脂肪在体内氧化产生 38.87kJ(9 千卡)的热能。体内多余的热量以脂肪形式储存,成为机体的"燃料库"。

(2)脂肪是细胞和某些重要物质的组成成分。必须脂肪酸是构成细胞线粒体和细胞的重要成分,对机体的生理机能有很大影响。

(3)维生素 A、D、E 主要含在脂肪中,脂肪可刺激胆汁分泌,并协助脂溶性维生素的吸收和利用。

(4)增加食物的味美和饱腹感。脂肪可使食物酥软、香脆、增进食欲,脂肪在胃中停留的时间较长,因而有饱腹感。

脂肪是一种高能源物质,专家认为:食物脂肪与食糖虽然都是能源物质,而食物脂肪作能源比食糖好。这是由于脂肪分解供能过程比较复杂,所以在机体分解脂肪过程中已开始消耗脂肪供能。

糖类食物可提高人体的血糖水平,并有助于保持体内适宜的酸碱平衡。

(三)维生素

维生素对于进行形体训练的人是不可缺少的物质,是维持人体生命和正常机能不可缺少的一种营养素。维生素的种类很多。这里主要介绍以下几种:

(1)维生素 A:来源于鱼、蛋、肝脏、牛奶、胡萝卜、菠菜等,其功能是保持良好的视觉,保持皮肤和头发健康,保持身体各种膜的健康。

(2)维生素 D:在人体皮下的 7—脱氢胆固醇,经紫外线照射可变成维生素 D。在食物中含量较多的有鱼肝油、肝、蛋黄等。其功能是强健牙齿和骨骼,促进 Ca 的吸收。

(3)维生素 E:在小麦胚芽油和玉米油中的含量较多。其功能是对肌肉的生长、提高肌肉内循环呼吸和生殖系统的功能有一定的作用,还可以防止营养氧化。

(4)维生素 B_1:主要来源是粮食,多含于胚芽和外皮中,此外在绿叶蔬菜、酒糟、酵母,肉类及动物的心、肝、肾中也含有。其功能是辅助糖代谢。维生素 B_1 在体内与焦磷酸结合成硫胺焦膦酸酯,参与糖代谢中丙酮酸的氧化脱羧反应,在糖代谢中起重要作用,以促进能量代谢。维生素 B_1 有促进糖原在肝脏和肌肉中聚积,在能量代谢过程中加速糖原和磷酸肌酸分解的作用,有利于肌肉活动,以维持神经系统的机能。维生素 B_1 对神经系统组织起营养作用,能提高神经系统的机能,治疗神经系统的伤病和消除疲劳,以加强胃肠的蠕动和消化液分泌,促进食欲。维生素 B_1 可抑制胆酯酶对乙酰胆碱的水解作用。乙酰胆碱是重要的神经介质,能促进胃肠的蠕动和消化液的分泌。

(5)维生素 C:主要含在植物性食物中。几乎所有的蔬菜和水果中都含有维生素 C,其功能是促进生物氧化。维生素 C 的氧化还原反应右逆左应,在体内可形成一种氧化还原系统,起递氢作用,从而提高组织的生物氧化过程,促进新陈代谢;促进组织中胶原的形成,保持细胞质的完整;促进创伤愈合和骨折愈合,增强机体的抵抗力。维生素 C 能促进抗体的生成,提高白细胞的噬菌能力,从而提高机体的抵抗力,促进造血功能。维生素 C 能将食物中的三价铁还原为二价铁,有利机体的吸收。维生素 C 在体内可保护酶系统免受毒物破坏,从而起到解毒作用。它还能提高三磷酸腺酶的活性以增强机体的应激能力。

(四)矿物质

人体内矿物质元素种类很多,占体重的 5%,是构成机体组织和调节生理机能的重要物质。其中含量较多的有 Ca、K、Na、P、S、Cl 等 7 种,还有一些微量元素 Se、Zn、Fe、L 等。

(1)钙(Ca)是构成骨骼和牙齿的主要成分,人体内总钙量的 99%存在于骨骼和牙齿中。钙能维持神经系统肌肉的正常兴奋性,同时还参与凝血过程,有激活凝血酶的作用。钙含量较多的有虾皮、豆类及油菜等绿色蔬菜。

(2)磷(P)是构成骨和牙齿的重要物质。占人体总量 70%~80%的磷与钙结合成磷酸钙存在于骨和牙齿中,同时参与物质能量代谢,维持血液的酸碱平衡。磷与脂肪合成磷脂,是神经组织的重要物质。磷在食物中的分布很广,一切富含蛋白质的食物都含有磷,如乳类、肉类、蛋类等;在植物性食物中,豆类及绿色蔬菜的含量就很高。

(3)铁(Fe)主要构成血红蛋白,人体若缺乏铁,则会使血红蛋白生成受影响而发生缺铁性贫血。铁来源于肝、蛋黄、豆类、绿色蔬菜等。

(4)钾(K)能调节细胞内外的水平衡,参与能量代谢,维持神经肌肉的应激性。钾存在于各种食物之中,水果和蔬菜是主要的来源。

(五)每日的饮食

进行形体训练的人,每天进食数次为宜。在饮食和营养方面应养成良好的饮食习惯,要有规律、善节制,切忌暴饮暴食或偏饮偏食。应根据自己的年龄、性别、工作性质和学习时间的长短,以及季节变化、自身的体重和消耗来合理调节营养。应做到不仅使饮食补偿能量和食物的消耗,还有助于提高运动能力和大量消耗后加速恢复体力的能力。

美国的科研人员经多年的研究,建议在常人的均衡食谱中三种主要成分的比例为蛋白质 12%,碳水化合物 55%,脂肪 25%为宜。碳水化合物每克产能 17.14kJ,蛋白质每克产能 17.14kJ,脂肪每克产能 38.87kJ。

表 4-1 给出各种食物成分及供给的热量。

各种食物成分及供给的热量 表 4-1

类别	食物名称	蛋白质(g)	脂肪(g)	碳水化合物(g)	热量(kJ)
谷类	大米	7.5	0.5	79	1467
	玉米面	9.0	4.3	73	1534
豆类制品	绿豆芽	3.2	0.1	4	125
	豆浆	1.6	0.7	1	71
	豆腐干	18.6	5.8	8	665

续上表

类别	食物名称	蛋白质(g)	脂肪(g)	碳水化合物(g)	热量(kJ)
蔬菜类	胡萝卜	2.0	0.4	5	134
	甘薯	2.3	0.2	29	531
	白萝卜	0.6	0.0	5	109
	马铃薯	1.9	0.7	28	527
	菠菜	2.0	0.2	2	75
	大白菜	1.4	0.1	3	79
	小白菜	1.1	0.1	2	54
	菜花	3.3	0.3	4	134
	芹菜	2.2	0.3	2	84
	莴笋	0.6	0.1	2	46
	茄子	23	0.1	3	92
	冬瓜	0.4	0.0	2	42
	黄瓜	0.8	0.2	2	54
	西红柿	0.6	0.3	2	54
乳类	牛奶(鲜)	3.1	3.5	4.6	259
	牛奶(粉)	25.6	26.7	35.6	2027
水果类	香蕉	1.2	0.6	20	376
	荔枝	0.7	0.6	13	251
	梨	0.1	0.1	12	205
	桃	0.8	0.1	7	134
	葡萄	0.2	0.0	10	171
	苹果	0.2	0.1	15	251
	桔	0.9	0.1	12	222
	柿	0.7	0.1	11	201

第四节　形体训练基础

一、各部位柔韧性练习

(一)手臂、肩部柔韧性练习

手臂、肩部的力量和柔韧性练习能够促使上肢骨骼、肌肉韧带和肩部的正常发育;增强力量和灵活性，进一步提高肩部的控制能力；促进上体的血液循环，增进胸部各内脏器官的营养与机能。一般采用单人练习和双人配合练习进行。

1. 后提臂夹肩练习

后提臂夹肩练习如图 4-1 所示。

图 4-1 后提臂夹肩练习

【预备姿势】立正站好，双手臂在体后伸直握好。

【动作方法】

注：以下分别用带圈的数字代表相对应的拍数。

第一个八拍：

①～④匀速后抬双臂至最大限度；

⑤～⑧双臂匀速回落至预备姿势。

第二个八拍：

①～②下前腰屈同时双手臂后举；

③～⑥控制不动；

⑦～⑧还原成预备姿势。

【动作要求】双手臂伸直，后夹角，抬头，挺胸。后抬臂至最大限度，上体保持直立。下前腰后举双臂至最大限度，将肩关节韧带拉开。

2. 手臂摆动绕环练习

【预备姿势】两脚分开与肩等宽，两臂在体侧自然下垂。

【动作方法】

第一个八拍：

①～④左手向前，右手向后绕环；

⑤～⑧重复一次。

第二个八拍：

①～④左手向后，右手向前绕环。

⑤～⑧重复一次。

第三个八拍：

双手同时向前绕环 2 周。

第四个八拍：

双手同时向后绕环 2 周。

【动作要求】收腹，挺胸，抬头，肩关节放松，绕环时手臂划垂直于身体侧的立圆，并随臂绕环而肩绕动。

3. 侧压臂练习

【预备姿势】两脚分开站立，与肩同宽，两臂体侧自然下垂。

【动作方法】

第一个八拍：

①～②左手臂直臂上举，右手屈肘在头后抓住左上臂；

③～⑧慢慢地向右侧拉左肩关节。

第二个八拍：

右手拉至最大限度时，控制 1 个八拍，慢慢放松。

换手练习 2 个八拍，动作相同。

【动作要求】上举手时，要收腹挺胸，在侧拉时必须慢慢地，力量由小到大，不可突然用力。同时，要尽可能拉肩侧韧带至最大限度。

4. 手臂波浪练习

手臂波浪练习如图 4-2 所示。

【预备姿势】盘腿坐在地毯上，两臂自然垂放于身体两侧，手心向下。

【动作方法】

第一个八拍：

①～④头向左看，由左肩带动肘关节向上做手臂波浪一次；

⑤～⑧头看右边，由右肩带动肘关节向上做手臂波浪一次，双手小波浪至头上举。

第二个八拍：

①～④双手做波浪一次；

⑤～⑧双手波浪至头上举，然后分开下至两侧。

反复练习 8 个八拍。

图 4-2　手臂波浪练习

【动作要求】保持上体立腰、立背、挺胸形态，用肩关节上提下落带动手臂波浪练习。

5. 压肩韧带

【预备姿势】面对把杆上体前倾，双手臂伸直放在把杆上，双脚开立。

【动作方法】上体用力向下压，将肩关节拉开，一拍一压，反复练习 2 个八拍，压至最大限度时，控制 2 个八拍。

【动作要求】双手臂伸直，压肩时要保持塌腰、挺胸、抬头的形态，注意保持呼吸正常。

6. 俯撑推起练习

【预备姿势】面对把杆站立，距把杆 80～90cm，双手直臂撑把杆，前脚掌着地，身体成一斜面。

【动作方法】双手屈臂，推起，还原。听口令反复练习。

【动作要求】在屈臂时，胸部贴近把杆，同时双手用力撑住，推起，膝盖不能屈。

7. 双臂悬垂练习

【预备姿势】双脚立正站立，两手置于体侧。

【动作方法】跳上，两手握杆，握距比肩稍宽，两腿并拢，全身绷直，两肩下沉，控制悬垂 20 ~ 60 秒，练习 3 ~ 5 次。

【动作要求】在悬垂时有节奏地呼吸，不要憋气。

8. 拉皮筋练习

拉皮筋练习如图 4-3 所示。

图 4-3 拉皮筋练习

【预备姿势】面对把杆站立，把皮筋从把杆上穿过，双手拉于胸前。

【动作方法】前腿弯曲，后腿蹬地，手拉皮筋上举，向后伸出双臂，头随后仰至极限；反复练习 20 ~ 30 次，然后直臂下拉 20 ~ 30 次。

【动作要求】向后拉皮筋伸展双臂时，不能屈肘，同时也要挺胸抬头。

9. 双臂持哑铃练习

双臂持哑铃练习，如图 4-4 所示。

图 4-4 双臂持哑铃练习

【预备姿势】两脚分开与肩同宽，两臂伸直，两手握哑铃置于身体两侧，成站立姿势。

【动作方法】

①～②两臂用力屈时，将哑铃举至肩侧。

③～④两臂用力将哑铃举至头上方，两臂伸直。

⑤～⑥两臂头后屈肘。

⑦～⑧两臂用力伸直，将哑铃从体前还原成预备姿势。反复练习 10 ~ 15 次。

10. 踩拉皮筋

【预备姿势】双脚并拢，踩在皮筋中部，双手体侧握皮筋头，自然下垂。

【动作方法】

①～②双手拉皮筋至体侧；

③～④还原；

⑤～⑥双手拉皮筋至斜上举位置；

⑦～⑧还原。

【动作要求】身体保持正直，收腹抬头。在做动作时，手臂始终保持直臂，配合好呼吸节奏。

(二)脚面柔韧性练习

脚面柔韧性练习是形体训练不可忽视的一个环节，它对以后的各部位练习以及组合练习都有重要的作用，是体现形体美、姿态美的一个重要标志。可以采用单人练习和双人配合练习两种方法进行。

1. 跪坐压脚背练习

【预备姿势】练习者双腿跪坐于地毯上，双脚双腿靠拢夹紧，脚面绷直贴于地面上，收腹，立腰，双手放在大腿两侧撑于地，臀部坐于踝关节上。

【动作方法】

第一个八拍：

①~④一拍一动压脚踝；

⑤~⑧臀部坐在踝关节上停4拍。

第二个八拍：

①~④两膝盖打开，臀部上下一拍一动，压踝关节；

⑤~⑧臀部在踝关节停4拍。

第三、四个八拍同前二个八拍动作。

【动作要求】脚面绷直，收腹，上下压踝时动作柔和。

2. 举腿勾、绷脚练习

【预备姿势】平躺在地毯上，收腹、挺胸、绷脚面，双手心向下置于体侧。

【动作方法】

第一个八拍：

①左脚向正方绷脚面举起；

②勾脚面；

③绷脚面；

④还原成预备姿势；

⑤~⑧双脚向正前方绷脚面举起，动作同①~④。

第二个八拍同第一个八拍，动作相同，换脚做。

【动作要求】勾绷脚面练习时，双脚要伸直，控制好身体形态。

3. 提踵练习

【预备姿势】面对把杆或墙壁站立，双手轻轻扶把杆(或墙壁)，立正站好。

【动作方法】

第一个八拍：

①~④双脚提踵立，落下；

⑤~⑧提踵立，控制4拍后还原成预备姿势。

第二个八拍：

①~②双脚提踵，屈膝下蹲；

③~④回到预备姿势；

⑤~⑧同①~④。

【动作要求】保持上体的基本形态，立腰，立背提踵时以趾关节着地。

(三)腿部柔韧性练习

腿部练习是基本功训练的主要部分,重点是加强髋关节、膝关节、踝关节的坚固性和灵活性,以提高站立姿态的腿部支撑能力和体型的优美程度。该练习一般采用单人和双人两种形式进行。

1. 直腿屈体压腿练习

【预备姿势】练习者立正站好,双臂伸直,十指体前交叉,手心向下。

【动作方法】

第一个八拍:

①~⑧前半拍,用力下振,后半拍上体稍抬起。

第二个八拍:

①~⑧两腿分开直腰,双手从胯下穿过,用力下振,一拍一动。

第三个八拍:

①~②屈膝展髋,蹋腰前压上体;

③~④直立还原,分腿站立;

⑤~⑧同前四拍。

第四个八拍同第一个八拍。

【动作要求】做动作时,双腿并拢伸直,腰发力向下振,动作幅度逐渐增大,蹋腰挺胸做动作时,要抬头。

2. 坐姿屈膝压腿练习

坐姿屈膝压腿练习如图 4-5 所示。

图 4-5 坐姿屈膝压腿练习

【预备姿势】左腿向后伸直,右腿大小腿折叠跪坐,上体正直,双手体侧指尖扶地。

【动作方法】

第一个八拍:

①~②左手臂带动上体后振;

③~④上体略回,含胸,左手臂摆至体前;

⑤~⑧同①~④。

第二个八拍:

①~⑧头向后仰,双手在体后抓住左脚踝关节,控制 1 个八拍。(左膝屈)头向后仰,尽量贴近左脚尖。

第三、四个八拍同第一、二个八拍,方向相反。

【动作要求】保持抬头、挺胸、立腰、立背的形态,后压腿时,动力腿伸直。后下腰时,动力腿屈膝,绷脚面。

3. 站姿压腿练习

1)正压腿

【预备姿势】面对把杆站立,上体正直,双手叉腰,左腿支撑,右腿放在把杆上。

【动作方法】

第一个八拍:

①~②上体前倾压腿;

③~④还原成预备姿势;

⑤~⑧同①~④拍。

第二个八拍:

①~⑧前倾压腿控制1个八拍。

第三、四个八拍同第一、二个八拍,动作相同,换腿练习。

【动作要求】双腿伸直,上体保持抬头、挺胸、立腰、立背形态,压腿时腹部尽量贴近大腿。

2)侧压腿

【预备姿势】侧对把杆,上体直立,左腿支撑脚一位。右腿绷脚面放在杆上,右手扶杆,左手三位。

【动作方法】

第一个八拍:

①~②上体向右侧倾压腿;

③~④还原成预备姿势;

⑤~⑧同①~④。

第二个八拍:

①~⑧右侧倾压腿控制1个八拍。

第三、四个八拍同第一、二个八拍,动作相同,换腿练习。

【动作要求】上体保持抬头、挺胸、立腰、立背形态,侧压腿时上体侧屈,双腿伸直,不要前倾后仰。

3)压后腿

压后腿练习如图4-6所示。

图4-6 压后腿

【预备姿势】上体正直,右侧对把杆,左脚支撑,右腿向后伸直放杆上,右手扶把杆,左手三位姿态。

【动作方法】

第一个八拍:

①~②上体后倒压右腿;

③~④还原成预备姿势;

⑤~⑧同①~④。

第二个八拍:

①~②上体后倒压后腿的同时屈左膝;

③~④还原成预备姿势;

⑤~⑧向后屈左膝压右腿4拍。

第三、四个同第一、二个八拍,动作相同,换腿练习。

【动作要求】上体保持抬头、挺胸、立腰、立背形态,动作舒展,支撑腿屈膝上体不前倾,后接腿时上体后倒至最大限度压腿。

4. 正踢腿

【预备姿势】练习者平躺在地毯上,双手直臂于体侧,手心向下,双腿并拢伸直,绷好脚面。

【动作方法】

第一、二个八拍:

①左脚向上踢起;

②慢回落至预备姿势;

③同①;

④同②;

⑤~⑧同①~④。

第三、四个八拍:

①向上举腿;

②~⑧控制2个八拍,两腿交换练习。

【动作要求】双腿伸直绷好脚面,动力腿踢腿迅速,回落要有控制。

5. 侧踢腿

【预备姿势】身体侧卧成一直线,右肘撑地,手指向前,手心向下,大臂垂于地面,左手体前撑地。

【动作方法】

第一、二个八拍:

①左侧向侧上方踢出;

②回落成预备姿势;

③~④同①~②;

⑤~⑧同①~④。

第三、四个八拍:

①左腿向侧上方踢出至最大限度;

②~⑧控制2个八拍,换腿练习。

【动作要求】上体保持挺胸、抬头、立腰、立背的形态,绷脚尖踢腿动作迅速而有力,回落时要有控制。

6. 侧卧弹踢腿

侧卧弹踢腿动作,如图 4-7 所示。

【预备姿势】身体侧卧成一直线,右肘撑地,手指向前,掌心向下,大臂垂于地面,左手体前撑地。

【动作方法】

第一个八拍:

①左脚向左上侧起踢出;

②左脚屈膝在右腿前点地;

③左脚弹踢至左侧前上;

④还原成预备姿势;

⑤左脚前踢;

⑥后踢;

⑦同⑤;

⑧后踢至最大幅度时,左手前上伸成反弓并控制一个八拍。

第三、四个八拍同第一个八拍,换腿交替练习。

图 4-7 侧卧弹踢腿

【动作要求】弹踢时,大腿保持不动,以膝为轴,弹踢小腿且绷脚尖,控制时成最大反弓,同时上体要保持抬头挺胸的姿态。

7. 立姿踢腿

立姿踢腿动作如图 4-8 所示。

【预备姿势】身体左侧对把杆站立,右手叉腰,左手扶杆。

【动作方法】

第一个八拍:

①用力向正前方踢出;

②有控制地回落至前点地的位置;

③~④擦地收回左腿成预备姿势;

⑤~⑧同①~④。

第二个八拍:

①用力向正侧方向踢出；
②回落在正侧方点地；
③～④擦地收回右脚还原成预备姿势；
⑤～⑧同①～④。
第三个八拍：
①用力向正后方踢出；
②回落至后点地的位置；
③～④擦地回收成预备姿态；
⑤～⑧同①～④。
第四个八拍同第二个八拍，交换腿练习。

图 4-8　立姿踢腿

【动作要求】上体保持抬头、挺胸、立腰、立背的形态，踢腿时脚尖绷直，膝盖不能屈；侧踢时，髋关节不能晃动而且收胯或送胯。

8. 蹲的练习

蹲的练习动作如图 4-9 所示。
【预备姿势】身体左侧对把杆站立，右手叉腰，左手扶杆。
【动作方法】
第一个八拍：
①～②左腿屈膝的同时右脚擦地出去成虚点地；
③～④身体向前移重心成两脚屈膝前后半蹲，重心在两脚之间；
⑤～⑥再向前移重心成右弓步；

⑦~⑧左腿擦地收回。

第二个八拍:

①~②右腿向侧按地出去成右侧点地;

③~④向侧移重心或左右开立半蹲;

⑤~⑥保持③~④姿势且双提踵立;

⑦~⑧擦地回收成一位站。

第三个八拍:

①~②屈膝半蹲;

③~④还原;

⑤~⑥提踵屈膝半蹲;

⑦~⑧还原成一位站。

第四个八拍同第一个八拍,方向相反。

图 4-9　蹲的练习

【动作要求】上体保持直立,下蹲时重心保持垂直升降或移重心时,保持平稳,上体不能前倾或后仰。

(四)髋部柔韧性练习

髋部柔韧性的练习是形体美的基本练习之一,是增强整体柔韧性和全身协调性的重要环节。髋部柔韧性的优劣,直接影响动作的舒展与优美程度,同时通过髋部的柔韧练习也可以塑造臀部的线条曲线。其练习内容多种多样,可分为单人、双人的练习。

1. 开胯练习

1)练习一

【预备姿势】练习者含胸坐在地毯上,双屈膝,脚尖点地,两手撑于膝关节处。

【动作方法】

第一个八拍:

①~②双手推膝关节成开胯姿势下压一次;

③~④合拍,膝还原成预备姿势;

⑤~⑧同①~④。

第二个八拍:

①~⑧脚心相对,侧屈膝,一拍一下压,颤动一次。

第三、四个八拍,双手用力下压膝关节,控制2个八拍。

【动作要求】保持立腰,立背,挺胸,用力下压。

2)练习二

练习二的动作如图4-10所示。

【预备姿势】双脚屈膝,脚心相对,俯撑于地面。

图4-10 开胯练习二

【动作方法】

第一个八拍:

①~②提臀,提腰,低头,含胸;

③~④压胯,塌腰,抬头;

⑤~⑧同①~④。

第二个八拍,一拍一动快速下压膝关节。

第三、四个八拍,把膝关节压至最大限度,控制在2个八拍。

【动作要求】脚心相贴紧,有意识下沉臀部,做控制时,大腿尽可能打开至最大限度。

2. 坐姿双腿外分练习

【预备姿势】分腿坐在地上并保持背部平直挺胸,同时向内收腹,双手扶大腿内侧。

【动作方法】

第一至三个八拍:

①~④从腰部开始保持躯干笔直状态,从臀部开始向前屈身,同时双手平放身前地上;

⑤~⑧塌腰,挺胸,抬头。

第四个八拍:

同①~④动作控制1个八拍。

【动作要求】头部和脊椎骨保持在一条直线上,膝盖和脚趾始终保持向上的姿态。

(五)胸、腹部力量及柔韧性练习

胸、腹部力量练习是形体训练的重要内容之一,胸、腹部力量的强弱,决定一个人形体控制能力的好坏和体型的优美程度。练习的方法一般采用单人练习、双人配合两种形式进行。

1. 俯撑

【预备姿势】面对墙分腿站好，或跪立俯撑，或跪膝俯撑，两手的距离大于肩部宽度约60cm。

【动作方法】

①~④屈肘，同时上体接近支撑面，与肘的高度一致。

⑤~⑧双臂用力并将自己的身体推离支撑面。根据自己的情况，反复练习。

【动作要求】在做动作时保持背部的平直，收腹并使头部与脊椎骨保持在一条直线上。

2. 平躺举哑铃(杠铃)

【预备姿势】脸朝上平躺在训练长凳上，双脚分开平踩地上，双手分开约肩宽1.5倍，紧握哑铃(杠铃)。

【动作方法】

第一个八拍呼气，同时将哑铃(杠铃)向上举起，肘伸直。

第二个八拍保持上举姿态1个8拍，吸气。

第三个八拍慢慢地将哑铃(杠铃)降至胸部中间部位上方，反复练习。

【动作要求】做动作时使头部和脊椎骨保持在一条直线上。如果是杠铃，把杠铃放在胸部的中间部位的上方。当上举时高度要等于手臂向上伸直的长度，但不要让肘部过于用力。

3. 平躺两侧举哑铃练习

【预备姿势】脸朝上平躺在训练用的长凳上，双脚分开平踩在地上，双手各提一哑铃放在大腿的前面。

【动作方法】

第一个八拍：

①~②双手握哑铃提至胸部附近；

③~④向上举起，微屈肘部和腕部，并使指关节相对；

⑤~⑧吸气，同时将双臂分别伸向身体的两侧，然后屈肘。

第二个八拍：控制不动。

反复练习4个八拍。

【动作要求】头部和脊椎骨保持在一条直线上，在体侧屈肘举哑铃时，要使双臂和肩部、胸部保持在同一水平位置上。

4. 扭腰仰卧起坐

【预备姿势】仰卧平躺在地毯上，双腿并拢屈膝，手臂屈肘抱头。

【动作方法】

①~②用力收腹至上体或斜后倾45°，向右扭腰。

③~④上体向左扭转，

⑤~⑧回落至预备姿势，反复4个八拍。

【动作要求】保持抬头、挺胸、立背形态，用收腹力量控制转体动作，转体时头与身体动作要一致。

5. 两头起练习

【预备姿势】开肩仰卧平躺在地毯上，双腿并拢伸直，绷脚尖。

【动作方法】

①用力收腹，使上体和双腿同时抬起超过45°，双手与脚在最高点接触；

②还原成预备姿势。

反复练习 4 个八拍。

【动作要求】保持抬头、挺胸、立背的形式，双腿并拢伸直，绷脚尖，用收腹的力量控制两头翘动作。

6．收腹剪腿

【预备姿势】开肩仰卧平躺在地毯上，双腿并拢伸直绷脚尖，双手上举贴于耳侧。

【动作方法】

第一个八拍双腿略抬离地面 15°～25°，双腿上下交替，两拍一换。

第二个八拍双腿左右交错，连续练习 1 个八拍。反复练习 4 个八拍。

【动作要求】保持开肩、抬头、挺胸、立腰、立背、双腿伸直、绷脚尖的形态，用收腹的力量完成双腿 15°～25°，脚上下和左右交错举腿的动作。

7．收腹控腿练习

【预备姿势】仰卧平躺在地毯上，双手扶在头后，双腿并拢伸直绷脚尖上举成 90°。

【动作方法】

①～②上体抬起用力收腹，控腿；

③～④还原成预备姿势；

反复练习 4 个八拍。

【动作要求】保持抬头、挺胸、立背形态，收腹时尽量使胸部贴近大腿。

8．模拟骑车练习

【预备姿势】脸朝上平躺在地上，双膝分开并屈膝，双脚平踩在地上，双手抱头。

【动作方法】

①～②呼气，同时将左膝抬向胸部，并抬起右肩向左膝方向靠，同时让右脚离地向前伸；

③～④吸气，同时左膝和右肩降向地面；

⑤～⑧换方向做，但始终保持收腹的状态；

反复练习 4 个八拍。

【动作要求】要尽量使动作流畅并处于控制之下，不要让肩和脚碰到地面。

(六)腰背部力量及柔韧性练习

腰背部力量的强弱和柔韧性的好坏，直接关系到站立姿势的形成和优美程度。在形体的训练中，一般采用单人和双人练习两种形式。

1．坐式背部伸展动作

坐式背部伸展动作如图 4-11 所示。

【预备姿势】坐在地毯上，保持背部平直，挺胸，收腹，双手分别放在身体两侧的地毯上，屈右膝，并让右脚平踩在左腿旁的地面上。

图 4-11　坐式背部伸展动作

【动作方法】

第一个八拍：

①～②，右手微曲放在身后，尽量靠近身体，左前臂放在右膝外侧；

③～⑧右膝慢慢收向身体的中轴线，头和上半身从腰部开始向右臂的方向扭曲到最大限度。

第二个八拍身体扭转最大限度时控制 1 个八拍。

第三、四个八拍同第一、二个八拍，但要换方向练习。

【动作要求】在做动作时保持正常的呼吸，并使头部与脊椎骨保持在一条直线上，双眼视线要高于肩部。

2. 双膝跪地双手撑地弓背练习

【预备姿势】双膝跪地(双膝与臀部处于一条直线)双手撑地，(双手与肩部处在一条直线上)保持背部平直，收腹。

【动作方法】

第一个八拍：吸气，同时将背部向上拱起并收腹，同时让骨盆向前倾。

第二个八拍：保持拱背姿势 1 个八拍。

第三个八拍：呼气，同时让背部向下沉，使胸部向地面靠去，略微抬头并让臀部向前移动。

【动作要求】要头部和脊椎骨保持在一条直线上，同时注意呼吸的协调配合。

3. 跪姿下胸腰练习

跪姿下胸腰练习如图 4-12 所示。

【预备姿势】跪立上体正直，双手三位。

【动作方法】

第一个八拍：

①～④向后下腰，

⑤～⑧控制不动。

第二个八拍：

①～②臀部跪坐两腿之间；

③～④上体平躺在地毯上；

⑤～⑥挑腰起，双手臂下垂；

⑦～⑧还原成预备姿势，反复练习。

图 4-12　跪姿下胸腰练习

【动作要求】保持抬挺胸形态，下腰时头向后，起腰时，要用腰带动上体挑起。

4. 背飞

【预备姿势】俯卧在地毯上，双腿伸直分开，双手置于体侧。

【动作方法】

①上体和双腿两头翘；

②～⑦控制不动；

⑧还原成预备姿势。

重复练习 4 个八拍。

【动作要求】在做动作时，双臂带动上体和双腿尽量抬高，成最大反背弓。

5. 双臂前伸交叉双手练习

【预备姿势】直立，两腿分开，保持背部平直、挺胸、收腹、骨盆略向前倾，双臂前伸合掌。

【动作方法】

①两手的手指相互交叉；

②双手交叉外翻（让双手的掌心向外）指关节指向身体；

③～⑦双臂慢慢地向前伸以使后背呈外张的姿势；

⑧屈肘回收。

反复练习 4 个八拍。

【动作要求】双臂的高度与胸部齐平，不能屈肘，整个动作过程身体保持正直，背部平直，呼吸正常。

6. 直立背部伸长练习

【预备姿势】两腿分开直立，并让身体的右侧对着墙壁（身体离开墙的距离约 60cm）微微屈膝，右手平放在墙上，指尖向前。

【动作方法】

第一个八拍：用右手掌用力压墙并坚持一个八拍。

第二个八拍：右肩以逆时针的方向，慢慢地向墙壁扭去。

第三个八拍同第一个八拍动作。

第四个八拍同第二个八拍，反复练习后改左手进行。

【动作要求】做用力动作时，要保持背部的平直，挺胸，收腹，使头部与脊椎骨保持在一条直线上，同时用力动作的手放在与肩同高或略低于肩部的高度上。

7. 抡臂体前体后屈练习

抡臂体前体后屈练习如图 4-13 所示。

图 4-13　抡臂体前体后屈练习

【预备姿势】上体直立，两腿分开，两手至于体侧。

【动作方法】

第一个八拍：

①～②双臂抡臂；

③～④直腿体前屈；

⑤～⑥抡臂；

⑦～⑧体后屈。

第二个八拍停留在体后屈，控制1个八拍。

第三、四个八拍同第一、二个八拍动作。

【动作要求】上体前屈时，尽量用双手带动，穿过胯下，上体后屈时，尽量抬头，用力下后腰，双腿伸直。

8. 坐姿甩腰练习

坐姿甩腰练习如图4-14所示。

【预备姿势】上体正直，分腿坐，双手侧举，手心朝下。

【动作方法】

第一个八拍：

①上体向右倾斜，下旁腰；

②向左倾斜下旁腰；

③～⑧双手带动从左至体前到右沿腰绕环，成一手支撑分腿立扭腰。

第二个八拍在分腿立腰的姿态上控制1个八拍。

第三、四个八拍动作相同，方向相反。

图4-14 坐姿甩腰练习

【动作要求】保持抬头、挺胸、立背的形态，用腰部的力量带动上体左右侧移和绕环。

9. 坐姿扭腰练习

坐姿扭腰练习如图4-15所示。

【预备姿势】上体正直，盘腿坐在地毯上，双手抬平，小臂弯曲搭肩。

图4-15 坐姿扭腰练习

【动作方法】

第一个八拍：

①～②向左拧腰；

③～④向右拧腰；

⑤～⑧一拍一动，以臂带动腰扭动。

第二个八拍动作相同，方向相反。

【动作要求】保持抬头、挺胸、立腰、立背的形态，腰用力带动上体向左右转动。

10. 含展胸练习

含展胸练习如图 4-16 所示。

【预备姿势】上体直立,双手头上举相握,右脚前点弓步。

【动作方法】

①~②含胸低头,交叉的腕关节前屈;

③~④展胸抬头,腕关节后屈;

⑤~⑧同①~④。

重复练习 4 个八拍。

图 4-16 含展胸练习

【动作要求】下肢动作保持不动,含、展胸动作通过手臂带动时,要尽可能地将幅度加大,同时与头手配合协调。

11. 侧向吊胸腰练习

侧向吊胸腰练习图 4-17 所示。

【预备姿势】上体正直,双手上举成三位手,一脚跪立,一脚侧点地。

【动作方法】

第一个八拍:

①~④上体下旁腰,同侧手伸向远方;

⑤~⑧还原后,转体成正向侧面体前屈,胸贴大腿。

第二个八拍:

①~②双臂带动上体直立;

③~④下胸腰,一手上举一手下举。

第三、四个八拍,吊胸腰控制 2 个八拍,换方向做。

图 4-17 侧向吊胸腰练习

【动作要求】吊胸腰时,髋部不能前倾后仰,要保持身体正直。

二、基本姿态练习

(一)站立姿态的基本练习

1. 立姿控制练习

立姿控制练习如图 4-18 所示。

【预备姿势】女学生双脚呈“V”字形，男学生双脚平行，呈开立式，两脚间距离不超过肩宽，双臂自然下垂，两眼平视前方，面带微笑。

【动作方法】

第一个八拍：

①～②收腹挺胸；

③～④紧臀夹腿；

⑤～⑥开肩梗颈；

⑦～⑧头上顶，腭微收。

第二至四个八拍动作同第一个八拍动作，控制不动，最后两拍还原成预备姿势。

第五个八拍：

①～②双手叉腰，腿部不动；

③～④收腹挺胸，紧臀；

⑤～⑥开肩梗颈；

⑦～⑧头向上顶，下腭微收。

第六至八个八拍控制不动。

【动作要求】站立时，气要上提，肩要下沉，臀部肌肉要收得很紧；梗颈时，颈部要贯力，颈椎略向后收，下腭与颈底部有约一颗大头针的距离，眼睛平视。

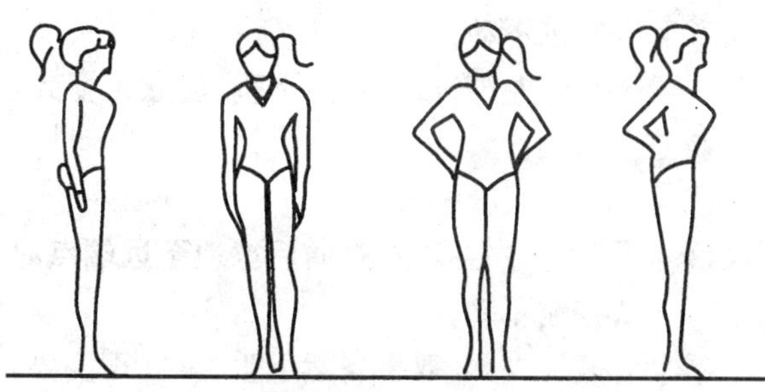

图 4-18　立姿控制练习

2．提踵站立控制练习

【预备姿势】同上，保持站立时身体的基本姿态；呼吸平稳，表情自然，眼睛平视，面带微笑。

【动作方法】

第一个八拍：

①～②双手叉腰；

③～④双脚同时提踵；

⑤～⑥控制不动；

⑦～⑧双踵放下，双手自然下垂。

第二个八拍：

①～②双手叉腰；

③～④双脚同时提踵；

⑤～⑧控制不动。

第三个八拍：

①～⑧双手叉腰，双脚提踵，控制不动。

第四个八拍：

①～⑥双手叉腰，双脚提踵，控制不动；

⑦～⑧双踵放下，双手自然下垂。

【动作要求】双踵要尽量提高；重心要稳，身体不得晃动。

3．点地练习

点地练习如图 4-19 所示。

【预备姿势】同上。保持站立时身体的基本姿态。

【动作方法】

第一个八拍：

①~②双手叉腰；

③~④重心在右脚，

左脚向前擦地至远端点地；

⑤~⑥控制不动；

⑦~⑧收回左脚，双手自然下垂，呈立正姿势。

图4-19 点地练习

第二个八拍：

①~②双手叉腰；

③~④重心在右脚，左脚向侧擦地至远端点地；

⑤~⑥控制不动；

⑦~⑧收回左脚，双手自然下垂，呈立正姿势。

第三个八拍：

①~②双手叉腰；

③~④重心在右脚，左脚向后擦地至远端点地；

⑤~⑥控制不动；

⑦~⑧收回左脚，双手自然下垂，呈立正姿势。

第三至六个八拍换右脚动作同第一至三个八拍。

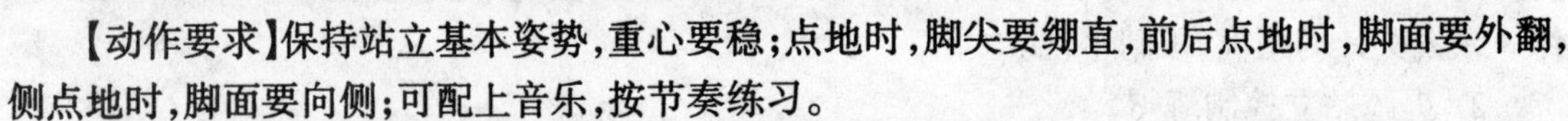

【动作要求】保持站立基本姿势，重心要稳；点地时，脚尖要绷直，前后点地时，脚面要外翻，侧点地时，脚面要向侧；可配上音乐，按节奏练习。

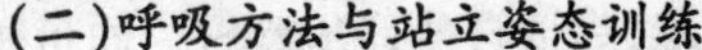

(二)呼吸方法与站立姿态训练

呼吸方法训练主要是纠正学生用口腔、腹腔呼吸的错误方法，通过横隔膜的升降，加强肺部呼吸，更好地保持收腹挺胸姿势。

1. 双手叉腰呼吸练习

【预备姿势】女生双脚呈“V”字形，男生双脚平行，呈开立式，两脚间距离不超过肩宽，双臂微屈置于腰后，两眼平视前方，面带微笑。

【动作方法】

第一个八拍：

①~④匀速吸气，吸至气满；

⑤~⑧均匀呼气。

第二至四个八拍：

①~④匀速吸气，吸至气满；

⑤~⑧均匀呼气。

【动作要求】吸气与呼气要均匀，通过横隔膜升降来完成；练习时保持收腹挺胸姿势，吸气时双肩不可上抬。

2. 两脚开立，双手叉腰呼吸练习

【预备姿势】同上。保持站立时身体的基本姿态，双手叉腰，表情自然。

【动作方法】

第一个八拍：

①左脚向左迈一步，与肩同宽并开始均匀吸气；

②～④吸气至胸部气满；

⑤～⑧均匀呼气。

第二个八拍：

①～④均匀吸气；

⑤～⑦均匀呼气；

⑧收回左脚，还原成预备姿势。

【动作要求】男女学生均呈双脚开立式，保持身体的稳定和上身的端直；吸气呼气要均匀，通过横隔膜升降来完成，吸气时两肩不可上抬。

3. 双手叉腰，两脚开立，双足提踵呼吸练习

双手叉腰，两脚开立，双足提踵呼吸练习如图 4-20 所示。

【预备姿势】同上。保持站立时身体地基本姿态，双手叉腰，双脚开立，面部表情自然。

【动作方法】

第一个八拍：

①～④双脚提踵并开始匀速吸气；

⑤～⑧均匀呼气。

第二个八拍：

①～④匀速吸气；

⑤～⑦均匀呼气；

⑧放下双踵，还原成预备姿势。

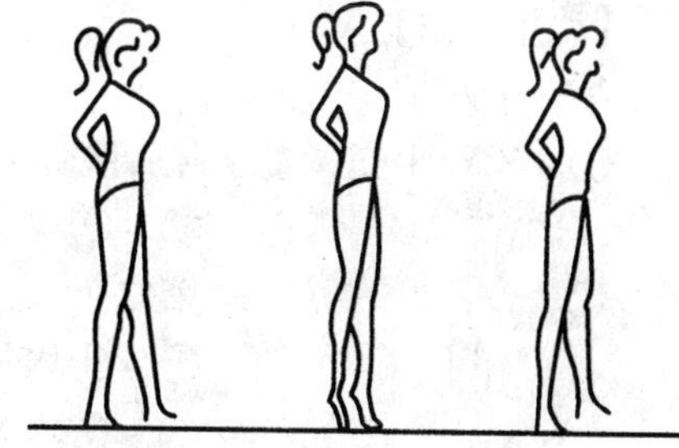

图 4-20　双足提踵呼吸练习

【动作要求】控制身体重心及双肩位置，双肩不可上抬，保持上体端直；双踵要尽量提高，双脚开立，距离不超过肩宽。

（三）社会交际中几种常见站姿的训练

社会交际场合中的站姿，反映着人们自身的素养。这些站姿是姿态训练在实际生活中的运用，通过练习可以使自己的举止显得更加得体、自然和高雅。

1. 垂臂式站姿

【预备姿势】女生双脚呈"V"字形，男生双脚平行开立，距离不超过肩宽，保持站立的基本姿态，面带微笑，双目平视，双手自然下垂。

【动作方法】

第一个八拍：

①～④保持预备姿势，均匀吸气；

⑤～⑧均匀呼气，控制动作。

第二个八拍：

①～④均匀吸气；

⑤～⑧均匀呼气。

【动作要求】收腹挺胸，保持上体端直；双臂自然下垂，呼吸自然均匀。

2. 前合手式站姿

前合手式站姿如图 4-21 所示。

【预备姿势】同上。

【动作方法】

第一个八拍：

①~④双手交叉置于腹前并开始均匀吸气；

⑤~⑧均匀呼气，控制动作。

第二个八拍：

①~④均匀吸气；

⑤~⑦均匀呼气；

⑧双手还原，成预备姿势。

图4-21 前合手式站姿

【动作要求】收腹挺胸，保持上体端直，呼吸均匀；双手交叉时，右手虎口卡住左手虎口，右手在上。

3. 后合手式站姿

后合手式站姿如图4-22所示。

【预备姿势】同上。

【动作方法】

第一个八拍：

①~④双手交叉置于背后髋骨处并均匀吸气；

⑤~⑧均匀呼气，控制动作。

第二个八拍：

①~④均匀吸气；

⑤~⑦均匀呼气；

⑧双手还原成预备姿势。

图4-22 后合手式站姿

【动作要求】收腹挺胸，保持身体站直，呼吸均匀；双手交叉于背后，置于髋骨处，右手虎口卡住左手虎口，左手在上。

4. 单臂后背式站姿

单臂后背式站姿如图4-23所示。

【预备姿势】同上。

【动作方法】

第一个八拍：

①左脚跟靠在右脚内侧中间，呈左丁字步并开始均匀吸气；

②左手后背，右手自然下垂，均匀吸气；

③~④吸气至气满，控制动作；

⑤~⑧均匀呼气，控制动作。

第二个八拍：

①~④均匀吸气，控制动作；

⑤~⑦均匀呼气，控制动作；

⑧左手自然下垂，还原成预备姿势。

第三至四个八拍同第一至二个八拍，换为右手后背，脚呈右丁字步。

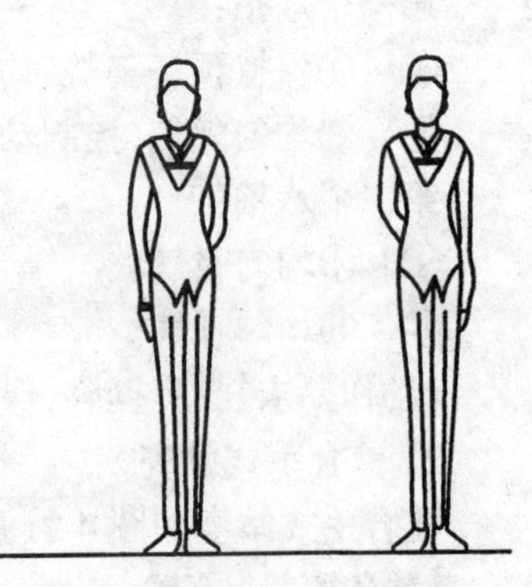

图4-23 单臂后背式站姿

【动作要求】收腹挺胸，保持身体端直，呼吸均匀；注意身体整体协调与站姿的美感。

5. 单臂前屈式站姿

单臂前屈式站姿,如图 4-24 所示。

【预备姿势】同上。

【动作方法】

第一个八拍:

①左脚跟靠在右脚内侧中间,呈左丁字步并开始均匀吸气;

②左臂肘关节弯屈,前臂抬至腰际,右手自然下垂,均匀吸气;

③~④吸气至气满,控制动作;

⑤~⑧均匀呼气,控制动作。

第二个八拍:

①~④均匀吸气,控制动作;

⑤~⑦均匀呼气,控制动作;

⑧还原成预备姿势。

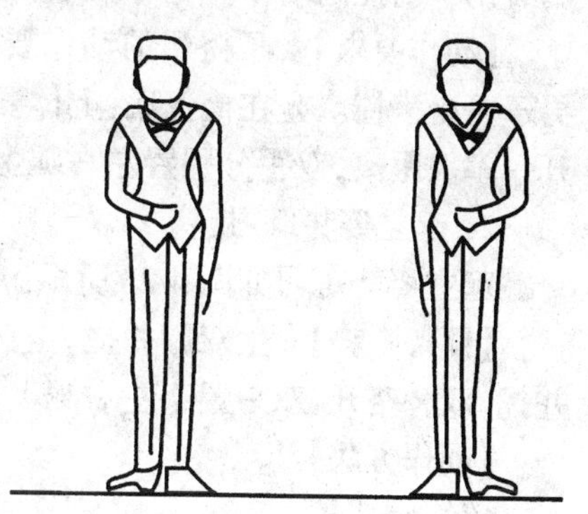

图 4-24 单臂前屈式站姿

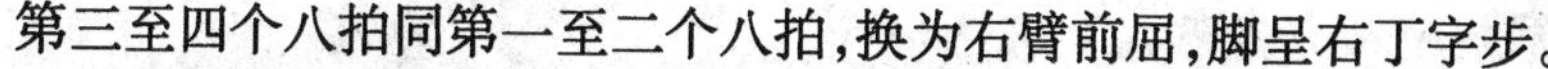

第三至四个八拍同第一至二个八拍,换为右臂前屈,脚呈右丁字步。

【动作要求】左(右)臂弯屈,抬至腰际,左(右)手心向里,手指自然弯曲;注意呼吸均匀,身体整体协调,使站姿富有美感。

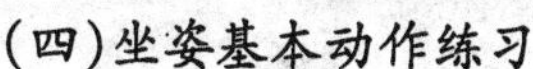

(四)坐姿基本动作练习

1. 就座姿势练习

就座姿势练习如图 4-25 所示。

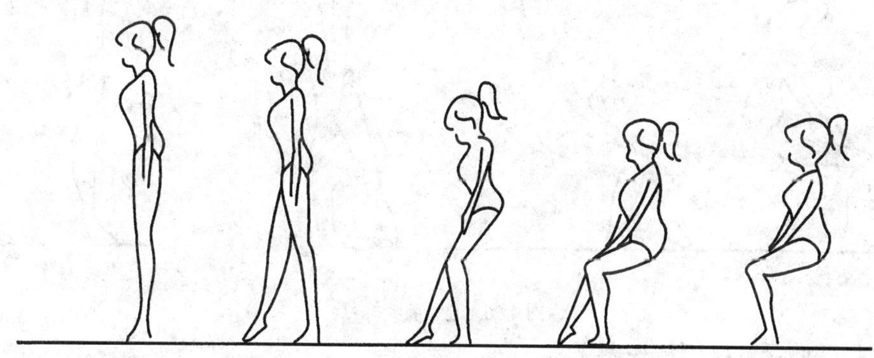

图 4-25 就座姿势练习

【预备姿势】女生双脚呈"V"字形,男生双脚开立、平行,距离不超过肩宽。保持站立的基本姿态,目视前方,面带微笑。

【动作方法】

第一个八拍:

①左脚退后半步;

②女生右手捋裙(用右手沿臂部顺理一下裙子,不着裙则可像男生一样省去此动作,只控制 1 拍动作);

③坐下;

④收回右脚,与左脚相并;

⑤~⑧控制动作。

第二个八拍：

①～⑧控制动作。

【动作要求】女子捋裙的动作要娴雅得体；女子坐椅子的 2/3，不可坐满椅，也不可坐 1/3，男子可坐满椅。坐在椅上后，上体要端直，女子双膝并拢，双手交叉置于小腹前；男子双膝可略开一拳头距离，双手分别置左右腿上或左右扶手上。

2. 起立姿势练习

起立姿势练习如图 4-26 所示。

【预备姿势】女生双膝并拢，坐在椅上，身体端直，双手交叉置于腹前，目视前方；男生双脚并拢，双膝略开，双手置于左右腿上或椅子扶手上，目视前方。

【动作方法】

第一个八拍：

①右腿向前移动半步；

②左脚蹬地，起身，重心移至右脚；

③～④收回左脚，女生双脚呈"V"字形，男生双脚开立，重心移至双脚之间。

⑤～⑧控制动作，成规范站立姿态。

【动作要求】起立时左脚要用力蹬地，要注意重心的移动过程；无论是坐或站立，都要保持上体端直。

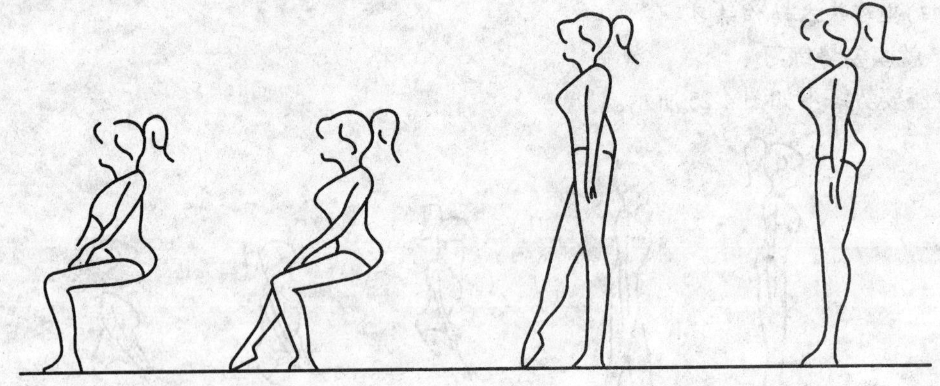

图 4-26　起立姿势练习

3. 正身变侧身就座姿势控制练习

正身变侧身就座姿势控制练习如图 4-27 所示。

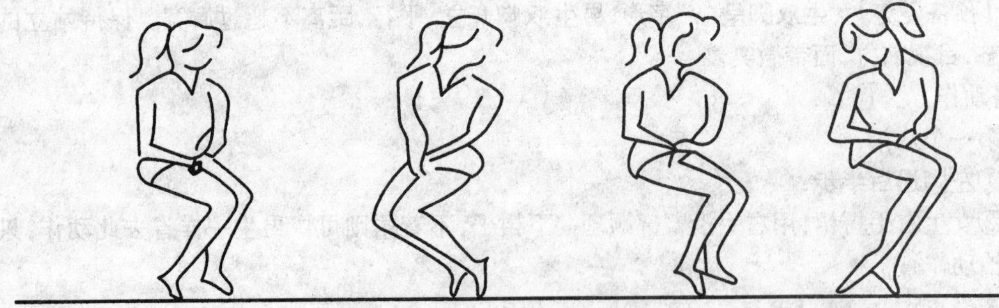

图 4-27　正身变侧身就座姿势控制练习

【预备姿势】保持站立基本姿态，目视前方，面带微笑。

【动作方法】

第一个八拍：

①右脚退后半步；

②女生左手捋裙，男生控制①动作；

③坐下；

④收回左脚，与右脚并拢，女生双手交叉置于腹前，男生双手分别置于左右腿上或左右椅子扶手上；

⑤～⑧控制动作。

第二个八拍：

①～②略向左侧身；

③～④双脚向右斜伸出，双足尖点地，右脚跟置于左脚掌处，手的姿势不变。

⑤～⑧控制动作。

第三个八拍：

①～②双脚收回并拢，双脚垂直于地面，身体转正，手的姿势不变；③～⑧控制动作。

第四至五个八拍同第二至三个八拍，但方向相反。

【动作要求】双脚点地时，足尖要绷直；不论左侧身、右侧身，上身都要保持端直，坐姿要显得优雅、端庄。

4．双腿重叠就座姿势控制练习

双腿重叠就座姿势控制练习如图4-28所示。

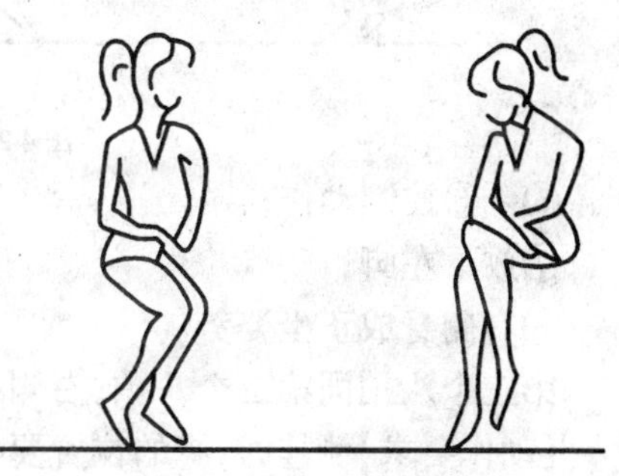

图4-28　双腿重叠就座姿势控制练习

【预备姿势】保持站立时的基本姿态。

【动作方法】

第一个八拍：

①右腿退后半步；

②女生左手捋裙，男生控制①动作；

③坐下；

④收回左脚，与右脚并拢，女生双手交叉置于腹前，男生双手分别置于左右腿上和椅子左右扶手上；

⑤～⑧控制动作。

第二个八拍：

①～②左小腿垂直于地面，右腿重叠于左腿上；

③～④右小腿向里收，紧贴左小腿，脚尖绷直；

⑤～⑥控制动作；

⑦～⑧放下右腿，成正坐姿势。

第三个八拍同第二个八拍，换左腿为动作腿。

【动作要求】注意上体端直，手的姿势按预备姿势中的要求；重叠在上面的腿一定要紧贴另一条腿，脚尖绷直。

5．单腿侧挂就座姿势控制练习

单腿侧挂就座姿势控制练习如图4-29所示。

【预备姿势】保持站立时的基本姿态。

【动作方法】

第一个八拍：

①右腿退后半步；

②女生左手捋裙，男生控制①动作；

③坐下；

④收回左腿，与右脚并拢，女生双手交叉置于腹前，男生双手分别置于左右腿上和椅子左右扶手上。

⑤～⑧控制动作。

第二个八拍：

①左侧身45°；

②右小腿右侧脚尖点地；

③左脚稍稍提起；

④左脚挂在右腿踝关节处，与腿并拢；

图4-29　单腿侧挂就座姿势控制练习

⑤～⑥控制动作；

⑦放下左脚；

⑧右侧身成正坐姿势。

第三个八拍同第二个八拍，右侧身，右腿为动作腿。

【动作要求】侧挂时，脚的位置要准确，要挂在脚踝处，脚尖要绷直；身体侧身45°，脚反方向伸出，要注意姿势的协调和美感。

(五)女子优美坐姿的基本练习

女子娴雅优美的坐姿，是女性姿态美的重要方面。女性的坐姿总体要求是“温文尔雅”。

1．端坐式坐姿

端坐式坐姿如图4-30所示。

【预备姿势】收腹挺胸，开肩梗颈，双脚呈“V”字形，双手自然下垂，保持站立的基本姿态，目视前方，面带微笑。

【动作方法】

第一个八拍：

①右脚退后半步；

②左手捋裙；

③坐下；

④收回左脚成正坐姿势；

⑤左脚靠于右脚内侧中间，两脚展开45°；

图4-30　端坐式坐姿

⑥双手交叉置于腹前；

⑦～⑧控制动作。

第二个八拍：

①～⑥控制动作；

⑦左脚前移半步、右脚蹬地；

⑧起立，收回右脚与左脚并拢。

【动作要求】双腿要垂直于地面；上体稍稍前倾，挺腰，紧膝。

2．双脚前置式坐姿

双脚前置式坐姿如图4-31所示。

【预备姿势】保持站立时的基本姿态。

【动作方法】

第一个八拍：

①右脚退后半步；

②左手捋裙；

③坐下；

④收回左脚，成正坐姿势；

⑤～⑥两小腿向前伸出，两脚并拢，脚尖伸直；

⑦～⑧控制动作。

第二个八拍：

①～⑥控制动作；

⑦右脚向后收回，并用力蹬地；

⑧起立，向前收回右脚与左脚并拢呈"V"字形，重心由起立时在左脚上移至两脚间。

【动作要求】小腿向前置45°为宜；脚尖不可翘起；双手姿势与正坐式相同，交叉置于腹前。

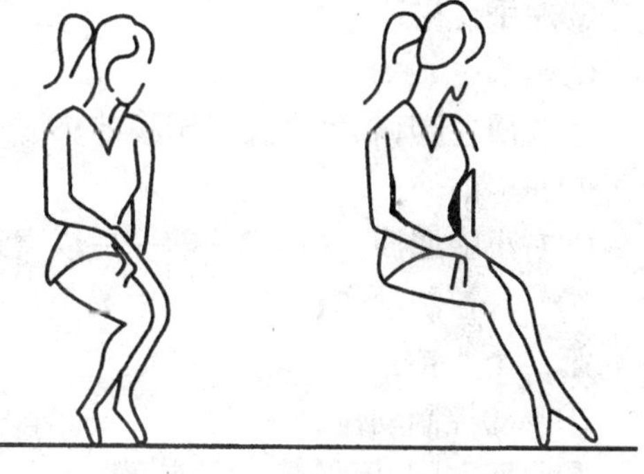

图4-31　双脚前置式坐姿

3．脚恋式坐姿

脚恋式坐姿如图4-32所示。

【预备姿势】保持站立时的基本姿态。

【动作方法】

第一个八拍：

①右脚退后半步；

②左手捋裙；

③坐下；

④收回左脚，双手交叉置于腹前；

⑤双腿稍前伸；

⑥右脚置于左脚上，两踝关节处交叉；

⑦～⑧控制动作。

第二个八拍：

①～⑥控制动作；

⑦收回双脚，成左前右后式；

⑧右脚蹬地，起立，重心在前，然后向前收回右脚与左脚并拢，重心移至两腿间。

图 4-32　脚恋式坐姿

【动作要求】脚于脚踝处交叉，两脚前端外侧着地；双膝间可有一些距离，但展开不要过大。

4．伸屈式坐姿

伸屈式坐姿如图 4-33 所示。

【预备姿势】保持站立时的基本姿态。

【动作方法】

第一个八拍：

①右脚退后半步；

②左手捋裙；

③坐下；

④收回左脚，双手交叉置于腹前；

⑤左腿前伸；

⑥右小腿屈回，左右脚一前一后成直线；

⑦～⑧控制动作。

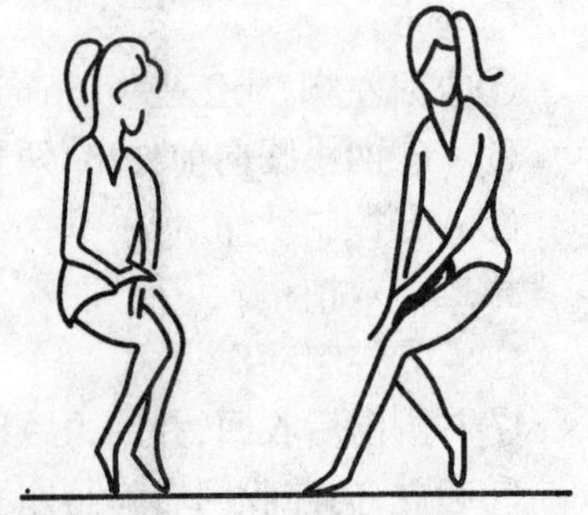

图 4-33　伸屈式坐姿

第二个八拍：

①～⑥控制动作；

⑦收回左脚，但仍在右脚前面；

⑧右脚蹬地，起立，再向前收回右脚，与左脚并拢。

【动作要求】左腿伸出，脚尖绷直，右脚掌着地；左右大腿要紧靠。

5．后屈式坐姿

后屈式坐姿如图 4-34 所示。

【预备姿势】保持站立时的基本姿态。

【动作方法】

第一个八拍：

①右脚退后半步；

②左手捋裙；

③坐下；

④收回左脚，双手交叉置于腹前；

⑤双小腿向后屈回；

⑥双小腿后跟提起，脚掌着地；

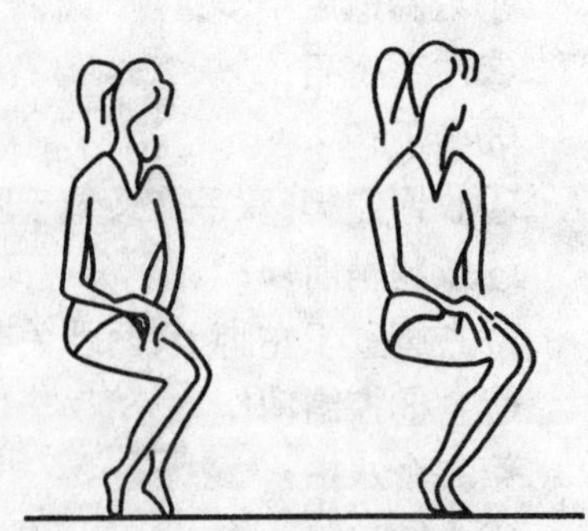

图 4-34　后屈式坐姿

⑦~⑧控制动作。

第二个八拍：

①~⑥控制动作；

⑦双脚前移呈左前右后式，双脚着地；

⑧右脚蹬地，起立，收回右脚与左脚并拢。

【动作要求】双脚后屈，前脚掌着地，后跟提起；双膝可略为分开，但不宜过宽。

6. 左侧式坐姿

【预备姿势】保持站立时的基本姿态。

【动作方法】

第一个八拍：

①右脚退后半步；

②左手捋裙；

③坐下；

④收回左脚，双手交叉置于腹前；

⑤双腿向左侧斜伸出；

⑥身体略向左侧；

⑦~⑧控制动作。

第二个八拍：

①~⑥控制动作；

⑦双腿收回，垂直于地面；

⑧起立，还原成预备姿势。

【动作要求】双膝紧靠，左脚跟置于右脚内侧中部；左脚掌内侧着地，右脚脚跟提起，脚掌着地。

7. 侧身叠式坐姿

侧身叠式坐姿如图4-35所示。

【预备姿势】保持站立时的基本姿态。

【动作方法】

第一个八拍：

①退后半步；

②左手捋裙；

③坐下；

④收回左脚，双手交叉置于腹前；

⑤髋部稍向左转，头胸向右转；

⑥右腿重叠于左腿上，并用力向里收；

⑦~⑧控制动作。

第二个八拍：

①~⑥控制动作；

⑦右腿放下稍在左脚后面；

⑧起立，向前收回右脚与左脚并拢。

【动作要求】右腿重叠于左腿之上，要用力向里收，紧贴在小腿，脚尖要绷直；髋部左转，头胸右转,要注意姿势协调。

(六)男子庄重坐姿的基本练习

男子端庄稳重的坐姿,给人以深沉稳健的印象。得体的坐姿,会使人产生信赖感,能表现出男性的阳刚之气。

1. 并式坐姿

并式坐姿如图 4-36 所示。

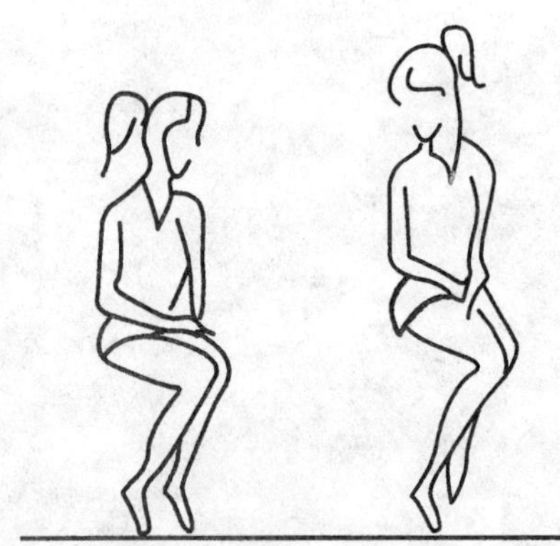

图 4-35 侧身叠式坐姿

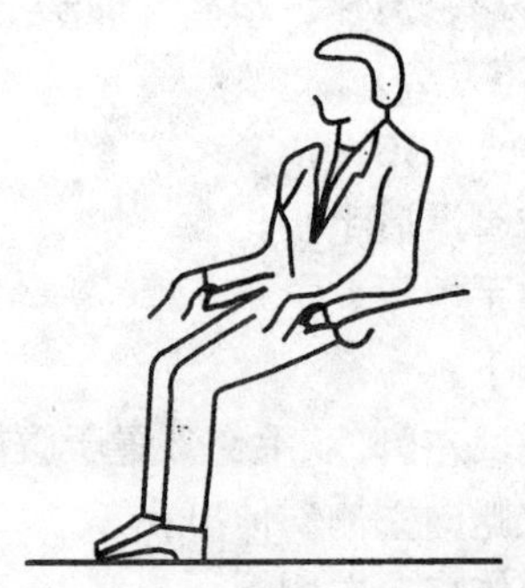

图 4-36 并式坐姿

【预备姿势】收腹挺胸,开肩梗颈,开立式,两脚并行,距离不超过肩宽。双手自然下垂,保持站立的基本姿态。

【动作方法】

第一个八拍。

①~②右脚退后半步;

③坐下,双手分别置于左右腿上;

④收回左脚,与右脚靠拢;

⑤双腿略向前;

⑥双膝并拢;

⑦~⑧控制动作。

第二个八拍:

①~⑥控制动作;

⑦左脚向前半步;

⑧起立,向前收回右脚,成预备姿势。

【动作要求】保持上体端直;双膝一定要并拢,双腿略向前,掌握好使之适度。

2. 开膝合手式坐姿

开膝合手式坐姿如图 4-37 所示。

【预备姿势】保持站立时的基本姿态。

【动作方法】

第一个八拍:

①~②右脚退后半步;

③坐下,双手分别置于左右膝上;

④收回左脚,与右脚并拢;

⑤双膝展开；

⑥双手合握，置于两腿间；

⑦～⑧控制动作。

第二个八拍：

①～⑥控制动作；

⑦左脚向前半步；

⑧起立，向前收回右脚，成预备姿势。

【动作要求】双腿垂直于地面，双膝展开，距离不超过肩宽；上体端直，表现出稳重的姿态。

3. 交叉式坐姿

交叉式坐姿如图 4-38 所示。

图 4-37　开膝合手式坐姿

图 4-38　交叉式坐姿

【预备姿势】保持站立时的基本姿态。

【动作方法】

第一个八拍：

①～②右脚退后半步；

③坐下，双手分别置于左右腿上；

④收回左脚，与右脚并拢；

⑤两小腿前伸；

⑥双脚在踝关节处交叉，双手扶在椅子扶手上；

⑦～⑧控制动作。

第二个八拍：

①～⑥控制动作；

⑦收回双脚，成左前右后姿势；

⑧起立，向前收回右脚，成预备姿势。

【动作要求】双脚于踝关节处交叉时，右上左下；坐下后，身体可靠于椅背，上体端直，双手置于扶手上。

4. 交叉后点式坐姿

交叉后点式坐姿如图 4-39 所示。

【预备姿势】保持站立时的基本姿态。

【动作方法】

第一个八拍

①～②右脚后退半步；

③坐下,双手分别置于左右膝上;
④收回左脚,与右脚并拢;
⑤两脚交叉;
⑥双脚向后回屈,两手合握置于腿上;
⑦~⑧控制动作。
第二个八拍:
①~⑥控制动作;
⑦双脚成左前右后姿势;
⑧起立,成预备姿势。
【动作要求】双脚交叉向后回屈后,下面一只脚的脚掌着地;上体端直,表现出稳健的姿态。

5. 开关式坐姿

开关式坐姿如图4-40所示。

图4-39 交叉后点式坐姿

图4-40 开关式坐姿

【预备姿势】保持站立时的基本姿态。
【动作方法】
第一个八拍:
①~②右脚后退半步;
③坐下,双手分别置于左右腿上;
④收回左脚,与右脚并拢;
⑤两脚分开,两膝并拢;
⑥双手交叉置于两腿间;
⑦~⑧控制动作。
第二个八拍:
①~⑥控制动作;
⑦双脚成左前右后式;
⑧起立,向前收回右脚,成预备姿势。
【动作要求】开脚并膝,形成开关的姿势;上体端直,表现出专注稳重的姿态。

6. 曲直式坐姿

曲直式坐姿如图4-41所示。
【预备姿势】保持站立时的基本姿态。
【动作方法】

第一个八拍：

①～②右脚退后半步；

③坐下，双手分别置于左右腿上；

④收回左脚，与右脚靠拢；

⑤左小腿屈回；

⑥右脚前伸，左臂肘关节支撑于左椅扶手上，左手托腮，右手扶于右腿上；

⑦～⑧控制动作。

第二个八拍：

①～⑥控制动作；

⑦收回右脚，置于左脚之后，手势还原为正坐姿势的手势，置于左右腿上；

⑧起立，向前收回右脚，呈预备姿势。

【动作要求】左小腿屈回，用脚掌着地；手的姿势要准确并与坐姿协调。

7. 斜身并式坐姿

斜身并式坐姿如图4-42所示。

【预备姿势】保持站立时的基本姿态。

图4-41 曲直式坐姿

图4-42 斜身并式坐姿

【动作方法】

第一个八拍：

①～②右脚退后半步；

③坐下，双手分别置于左右腿上；

④收回左脚，与右脚并拢；

⑤双膝双脚并拢，上身左倾；

⑥左肘关节支撑于椅子扶手上，右手握住左手腕；

⑦～⑧控制动作。

第二个八拍：

①～⑥控制动作；

⑦上身转正；

⑧起立，还原成预备姿势。

【动作要求】双膝双脚并拢时，要注意小腿垂直于地面；左倾的身体与左肘关节置于扶手上，右手握左手腕的动作要协调。

8. 转体交叉式坐姿

转体交叉式坐姿如图4-43所示。

【预备姿势】保持站立时的基本姿态。

【动作方法】

第一个八拍：

①~②右脚后退半步；

③坐下，双手分别置于左右腿上；

④收回左脚，与右脚靠拢；

⑤双脚前伸，右脚与左脚交叉；

⑥上身左侧右转，左前臂支撑于椅子扶手上，右手置于右侧扶手上；

⑦~⑧控制动作。

第二个八拍：

①~⑥控制动作；

⑦双脚变成左前右后式，身体转正呈正坐姿势；

⑧起立，向前收回右脚，呈预备姿势。

【动作要求】注意上身的左侧右转与双手姿势的协调；上体端直，表现随和潇洒的姿态。

9. 前倾式坐姿

前倾式坐姿如图4-44所示。

图4-43　转体交叉式坐姿

图4-44　前倾式坐姿

【预备姿势】保持站立时的基本姿态。

【动作方法】

第一个八拍：

①~②右脚后退半步；

③坐下，双手分别置于左右腿上；

④收回左脚，与右脚靠拢；

⑤两腿分开，上身前倾；

⑥两肘分别支撑于两腿上，双手合握，托住下颌；

⑦~⑧控制动作。

第二个八拍：

①~⑥控制动作；

⑦双脚变成左前右后式，双手置于左右腿上；

⑧起立，向前收回右脚，呈预备姿势。

【动作要求】注意两腿分开时，两小腿应垂直于地面；上身前倾，双手合握托住下颌，表现专注与稳重的姿态。

(七)走姿训练

行走是人的基本动作之一。行走姿态的好坏反映人的精神状态,它能产生一种动态美。

1.行进姿势的6个主要环节

1)方向明确

行走时,要保持明确的行进方向。具体的方法:以脚尖正对着前方,形成一条虚拟的直线。每行进一步,脚跟都应当落在这一条直线上。

2)步幅适度

步幅,是人们每走一步时,两脚之间的正常距离。步幅的大小因人而异,一般来讲,行进时迈出的步幅与本人一只脚的长度相近,即男子每步约40cm,女子每步约36cm。同时,每一步幅的大小应当大体保持一致。

3)速度均匀

人们行进时的速度叫步速。在某特定的场合,一般应当使其保持相对稳定,较为均匀,而不宜过快过慢,或者忽快忽慢。一般情况下,每分钟行走速度为60~100步较为适宜。

4)重心平稳

行进中,保持身体重心的平稳。起步时,身体须向前微倾,身体的重量要落在前脚掌上,并使自己身体的重心随着脚步的移动不断地向前过渡,切勿让身体重心停留在自己的后脚上。

5)身体协调

行进时,身体各个部位协调配合。走动时首先以脚跟着地,膝盖在脚部落地时自然伸直,腰部作为重心移动的轴线,双臂在身体两侧一前一后自然摆动。

6)造型优美

行进时,要保持优美的身体造型,昂首挺胸,步伐轻松而矫健。面对前方,两眼平视,挺胸收腹,直起腰、背,伸直腿部,使自己的全身从正面看上去犹如一条直线。

一般来说,男性在行进时,通常进度稍快,脚步稍大,步伐奔放有力,能充分展示男性的阳刚之美。女性在行进时,则时常速度较慢,脚步较小,步伐轻快飘逸,得体地表现了女性的阴柔之美。

2.走姿分解动作

1)练习一

练习一的动作如图4-45所示。

图4-45 走姿分解动作练习一

【预备姿势】收腹挺胸,开肩梗颈,沉肩紧臀;女生双脚呈“V”字形,男生双脚平行呈开立式,两脚间距离不超过肩宽;双手自然下垂,保持站立的基本形态,目视前方,面带微笑。

【动作方法】

第一个八拍：

①～②双手叉腰，左脚擦地前点地；

③～④右脚蹬地，重心前移至左脚，成右脚后点地；

⑤～⑥右脚擦地前点地；

⑦～⑧左脚蹬地，重心前移至右脚，成左脚后点地。

第二至四个八拍同第一个八拍。

第五个八拍：

①左脚擦地前点地；

②右脚蹬地，重心前移至左脚，成右脚后点地；

③右脚擦地前点地；

④左脚蹬地，重心前移至右脚，成左脚后点地；

⑤～⑧同①～④。

第六至八个八拍同第五个八拍，反复练习。

【动作要求】注意第五至八个八拍同第一至四个八拍相比，动作相同，但速度加快一倍，要根据速度要求控制体态；要注意练习中重心的左右前移，蹬地要有力。

2)练习二

练习二的动作如图 4-46 所示。

【预备姿势】保持站立时的基本姿态。

图 4-46 走姿分解动作练习二

【动作方法】

第一个八拍：

①～②右脚擦地前点地，左臂前下斜举，右臂后下斜举；

③～④左脚蹬地，重心前移，成左后点地，手臂位置不变；

⑤～⑧同①～④，方向相反；

第二至四个八拍同第一个八拍。

第五个八拍：

①左脚擦地前点地，右臂前下斜举，左臂后下斜举；

②右脚蹬地，重心前移至左脚，成右脚后点地，手臂位置同前；

③～④同①～②，但方向相反；

⑤～⑧同①～④。

第六至八个八拍同第五个八拍。

【动作要求】左右下斜举臂与前移重心动作要协调;第一至四个八拍与第五至八个八拍动作相同,但速度快一倍,应根据速度的要求控制体态。

3. 行走连续动作练习

行走连续动作练习如图 4-47 所示。

【预备姿势】保持站立时的基本姿态。

【动作方法】

第一个八拍:

①迈左脚,右脚蹬地,重心前移至左脚,成右后点地;

②迈右脚,左脚蹬地,重心前移至右脚,成左后点地;

③~⑧反复此动作。

第二至八个八拍同第一个八拍。

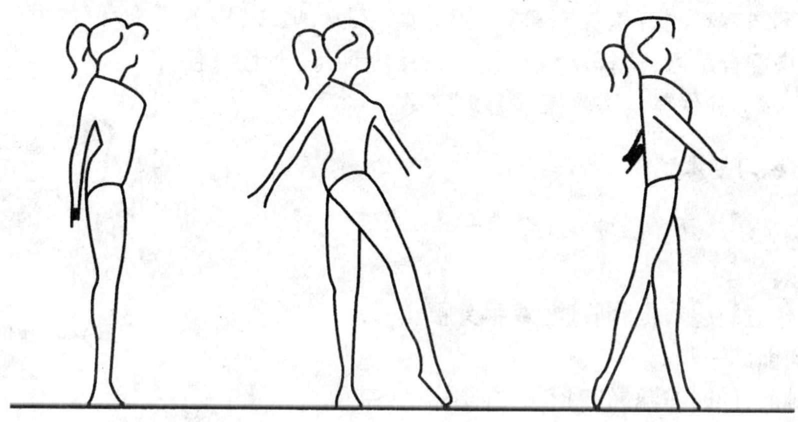

图 4-47 行走连续动作练习

【动作要求】始终保持上体端直和收腹挺胸,及开肩梗颈的要求,注意重心不断前移,身体姿态的不断变化,形成和谐的美感。

4. 步度控制练习

【预备姿势】保持站立时的基本姿态。

【动作方法】

行走时,对步度进行控制,男生每步 40cm,女生每步 30cm。一拍一步,反复练习。

【动作要求】严格控制速度,形成标准的走姿;始终保持上体端直,收腹挺胸,开肩梗颈,目光平视,面带微笑。

5. 步位控制练习

步位控制练习如图 4-48 所示。

【预备姿势】保持站立时的基本姿态。

【动作方法】

要求行走时,对步位进行控制,男生"走两点",女生"一条线"。一拍一步,反复练习。

(1)男生"走两点"是基本要求,即左右脚下脚位置不在一条线上;女生"一条线"是严格要求,即左右脚下脚位置在一条线上,训练时可稍稍放宽,但两脚下地的前后位置的线迹要求基本上成一条线。

(2)注意手臂摆动、双脚移动和步位控制之间的协调。

6. 步速控制练习

【预备姿势】保持站立时的基本姿态。

【动作方法】

要求对步速进行控制。男生每分钟约 110 步,女生每分钟约 120 步,通过口令或音乐反复练习。

【动作要求】男生每分钟 110 步,女生每分钟 120 步只是参考数据,可根据自身条件适当调整;男子要走得潇洒,女子要透出柔美。

【练习要点】

(1)练习时要保持上体形态的端直,双臂的摆动幅度要适度。

(2)要注意增强腰、背、胸、腿和手臂的力量和控制能力。

(3)重视步度与步位的基础练习,以形成良好走姿。

(4)可选不同节奏的音乐如布鲁斯、福克斯、探戈、狐步、华尔兹、迪斯科等来配合练习,这样不仅可以进行速度训练,而且可使学生在音乐中体会到优美走姿带来的心理感受。

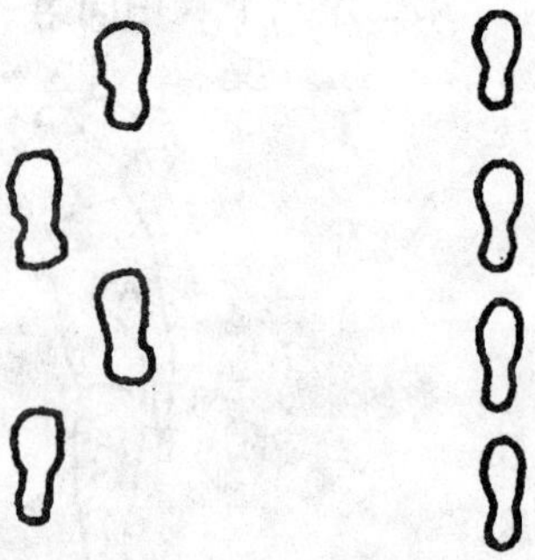

图 4-48　步位控制练习

三、形体练习基本动作

(一)基本步法与舞步练习

1. 踏步

【预备动作】站立步,挺胸收腹,双手叉腰。

①左脚向前踏一步;

②左腿跳起,同时右腿屈膝抬起,绷脚;

③右脚向前一步;

④右脚跳起,同时左腿屈膝抬起,绷脚。

要求:2 拍一步,可向前、旁、后连续做踏步,手可以变化。

2. 交替步

【预备动作】正步站立,挺胸直背,双手叉腰。

①左脚向前迈一小步,重心前移,接着右脚跟进一步在左脚跟后踮起,重心移至右脚,左脚同时稍离地;

②左脚再向前一小步,重心移到左脚;

③右脚向前迈一小步,重心前移,接着左脚跟进一步在右脚跟后踮地,重心移至左脚,右脚同时稍离地半拍;

④右脚再向前一小步,重心移到右脚。

要求:2 拍一步,左右脚交替进行。

3. 踏点步

【预备动作】自然站立,双手叉腰。

①左脚向左侧踏一步;

②左膝稍弯,右脚尖在左脚后点地,头稍往左侧偏,眼看左斜前方;

③右脚向右侧踏一步;

④右膝稍弯,左脚尖在右脚后点地,头稍往右侧偏,眼看右斜前方。

要求:2 拍一步,左右脚交替进行,可加上手的变化。

4. 十字步

【预备动作】自然站立,挺胸直背,双手放两侧。

①右脚向侧跨一步;

②左脚向前跨一步;

③左脚向左侧横拉一步;

④右脚后退一步。

要求:4 拍一步,身体可顺着脚步的变化自然扭动,两臂自然摆动;十字步可大可小,手应随着步伐的大小配合摆动。

5. 前踢步

【预备动作】自然站立,双手在两侧分开。

左腿向前轻踢起。第一拍左脚掌落地,同时右脚向前踢起 25°。第二拍右脚掌落地,同时左脚向前踢 25°。

要求:1 拍一步,踢起的脚注意绷脚背,落地要轻巧,左右脚轮流向前踢起。

6. 后踢步

【预备动作】自然站立,双手背在身后。

左脚向前轻跳一下,第一拍脚掌落地,同时右腿小腿向后踢起,两膝靠拢,绷脚背。第二拍右脚掌落地,同时左腿小腿向后踢起,两膝靠拢,绷脚背。

要求:1 拍一步,左右脚轮流向后踢,身体可稍前倾。

7. 弹簧步

【预备动作】正步站立,双手手心向里,轻按在小腹两旁。

前半拍两膝微屈,紧接着右脚稍提起,后半拍右脚踏地,紧接着双膝伸直。前半拍两膝微屈,紧接着左脚稍抬起,后半拍左脚踏地,紧接着双膝伸直。

8. 吸腿垫步

【预备动作】自然站立,双手叉腰。

左脚稍吸起,同时右腿轻跳一下。第一拍前半拍,左脚尖向前擦出,重心在左脚。第一拍后半拍,右脚掌在左脚跟后点地,重心在右脚,同时左脚轻抬起。第二拍后半拍右脚吸起,同时左脚跳起。第三拍前半拍右脚绷脚向前擦出,重心在右脚。第三拍后半拍左脚掌在右脚跟后踮起,同时右脚稍离地。第四拍右脚再往前一步,重心在右脚。

要求:2 拍一步,左右脚反复做,吸腿时可跳高些。

(二)形体姿态练习

通过形体姿态的综合练习培养头颈部位、手臂、躯干、腿部的控制力,提高姿态的表现意识和柔韧及灵活性,规范并美化身体姿态。

【预备姿势】规范的立姿,两臂下举,目视左前方。

第一个八拍动作如图 4-49 所示。

①~②右脚向右前斜方上步,经屈膝移重心至右脚站立,左脚后点地,同时右手臂小波浪一次,头看左手;

③~④经屈膝向前移重心成右脚站立,左脚前点地,同时手臂经侧向前环绕至头上举,眼看左脚尖;

⑤~⑥经屈膝向前移重心的同时抬头,双手向前推手臂波浪至上举位置;

⑦~⑧两脚前后开立,左脚后点地,双手至体侧。

第二个八拍动作如图 4-50 所示。

图 4-49　形体姿态练习一

①右脚向右侧方一小步,同时双手胸前交叉;

②右脚起踵立,下旁腰,双手拉开一位手;

③同②;

④大幅度右脚起踵立,右手右斜上举,左手左斜下举;

⑤~⑧双手从体侧至胸前插上,上举,同时转 360°。

图 4-50　形体姿态练习二

第三个八拍动作如图 4-51 所示。

图 4-51　形体姿态练习三

①右脚在前,屈双膝向前移重心,双手体侧摆动,左手向前,右手向后;

②右脚在前,左脚后点地直立,双手摆成左手在前的前后七位手;

③~④同①~②,方向相反;

⑤~⑧右脚开始向前,足尖走三步成右脚在前,左脚后点地,双手在体侧划右手向后,左手向前的立圆成六位手。

第四个八拍同第三个八拍,动作相同,方向相反。

第五个八拍动作如图 4-52 所示。

①右脚开始向右后方迈步，同时右手带动，左手叉腰，向右侧下旁腰，屈左膝；

②右手继续划弧(平行于胸前的)至上举位置，同时右脚起踵立，左脚在旁收腿；

③~⑥同①~②；

⑦~⑧右脚向右迈步成右弓步，左手前平举，右手侧平举。

图 4-52 形体姿态练习

第六个八拍动作如图 4-53 所示。

①~②双脚屈膝并立，双手臂从左侧经胸前带动腰摆动至右侧成右手叉腰，左手点右肩；

③~④动作同①~②，方向相反；

⑤~⑦左脚屈膝，右脚一侧点地，左手点肩，右手侧平举下旁腰，以左脚为轴，一拍一转动 90°；

⑧还原成立正姿势。

图 4-53 形体姿态练习五

第七个八拍动作如图 4-54 所示。

①~②左转 90°，同时左脚向前上一步，右脚后点地，同时左臂经前绕至侧举，掌心向上，跟随左臂而动，目视左侧方；

③~④同①~②，方向相反；

⑤~⑥两腿微屈，两臂摆至腹前下举，含胸低头；

⑦~⑧直立，两臂摆至侧举，挺胸抬头，目视正前方。

第八个八拍动作如图 4-55 所示。

①~④左腿经侧收腿，接着两脚立踵，脚尖碎步后退，两臂经后向下绕至上举至三位臂，上体经前含胸至直立，目视前方；

⑤~⑧脚尖碎步右转 360°，右臂左肩前立掌，左臂侧上举，掌心向外，上体右侧屈，目视右后下方。

第九至十二个八拍重复做第五至八个八拍一次。

第十三个八拍动作如图 4-56 所示。

图 4-54　形体姿态练习六

图 4-55　形体姿态练习七

图 4-56　形体姿态练习八

①～②右脚绷脚尖擦地出去，同时向前移重心成右脚直立，左脚后点地（柔软步），双手置于体侧，头看右侧；

③～④同①～②，方向相反；

⑤～⑧一拍一动柔软步。

第十四个八拍动作如图 4-57 所示。

①～④左转 45°面向左前方，左腿经前举向前上一大步。右腿经屈膝半蹲向左脚并一步成两脚起踵立，两臂经侧后举绕至上举（三位），上体经挺胸抬头至含胸低头，接着上体直立，收腹，立腰，目视前上方；

图 4-57　形体姿态练习九

⑤～⑧左腿屈膝半蹲，右腿前伸腿尖点地，两臂前举（二位），上体前屈，臀部后坐，挺胸抬头，目视前方。

第十五个八拍动作如图 4-58 所示。

①左手体侧波浪，右手从左侧至上举；

②双手小波浪，同时双脚起踵立；

③～④向左侧碎步快速移动，双手在左侧小波浪；

⑤～⑧起踵立同时转体 360°，双手一拍一动上下大波浪，眼看下举的手。

第十六个八拍动作如图 4-59 所示。

①～②右脚前点地，左脚直立，双手左六位手；

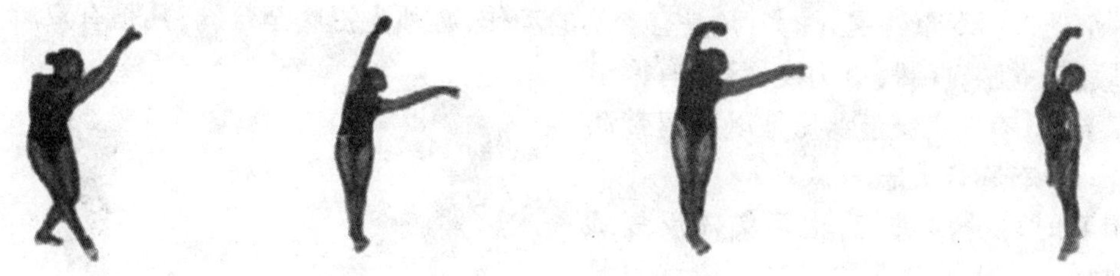

图 4-58　形体姿态练习十

③～④右脚后点地，左脚直立，双手右六位手；

⑤右脚在前的足尖步，双手直臂摆动；

⑥左脚在前的足尖步，双手直臂摆动；

⑦～⑧同①～②。

第十七个八拍同第十六个八拍，方向相反。

图 4-59　形体姿态练习十一

第十八个八拍动作如图 4-60 所示。

①左脚从左侧屈脚，右脚屈膝立，双手从左侧绕环；

②左脚起踵直立，右收腿，双手绕环至右上举，下腰；

③～④右脚向左侧一步成右弓步，双手臂侧上举；

⑤双手臂侧波浪，同时带动上体下压一次；

⑥同⑤；

⑦～⑧右脚收回至左脚后面成双屈膝，双手经胸前屈肘，内绕环至上举，右手微屈肘左手直臂在上。

图 4-60　形体姿态练习十二

第十九至二十四个八拍同第十三至十八个八拍，重复一次，最后结束姿势，如图 4-61 所示。

【注意事项】

(1)每个动作要尽量伸展,优美;凡是有含胸的动作,必须先挺胸至含胸;凡是有双脚立踵的动作要收腹,立腰,挟臀,有力度;凡是有拖步动作,幅度要大,有坚毅之感;凡是以胸肩带动做姿态动作,要有胸怀大志之感。

(2)练习时可分段进行,也可集体反复练习,或单独练习,根据自己的素质确定练习的量。

(3)要坚持练习,持之以恒,就会收到满意的效果。

图 4-61　形体姿态练习十三

第五节　学校健美操范例

一、规范操

(一)头颈运动

【预备姿势】直立(整套操为基本手型)。

头颈运动如图 4-62 所示。

第一个八拍:

图 4-62　头颈运动

①~②屈膝半蹲,头左侧屈,两臂自然下垂;

③~④还原成直立;

⑤~⑧同①~④,方向相反。

第二个八拍:

①~②屈膝半蹲低头,两臂自然下垂;

③~④还原成直立;

⑤~⑥屈膝半蹲抬头,两臂自然下垂;

⑦~⑧还原成直立。

第三、第四个八拍同第一、第二个八拍。

第五个八拍：
①～②屈膝半蹲向左转头，两臂自然下垂；
③～④还原直立；
⑤～⑥屈膝半蹲向右转头，两臂自然下垂；
⑦～⑧还原成直立。
第六个八拍：
①～⑧头颈经左向右绕环一周。
第七、第八个八拍同第五、第六个八拍，方向相反。
(二)四肢运动
第一个八拍如图 4-63 所示：
①～②左脚前点地，同时两臂前平举；
③～④左脚侧点地，同时两臂侧平举；
⑤左腿前吸，同时两臂肩侧屈，指尖触肩；
⑥左腿后伸脚尖点地，同时两臂上举；
⑦～⑧两臂经侧还原成直立。
第二个八拍同第一个八拍，交换腿。

图 4-63　四肢运动一

第三个八拍如图 4-64 所示：
①～②左脚后点地，同时两臂侧平举；
③～④左脚侧点地，同时两臂前平举；
⑤左腿前吸，同时两臂肩侧屈，指尖触肩；
⑥左腿前伸脚尖点地，同时两臂上举；
⑦～⑧两臂经侧还原成直立。
第四个八拍同第三个八拍，交换腿。

图 4-64　四肢运动二

(三)扩胸运动
第一个八拍如图 4-65 所示：

①~②左脚侧点地,同时两臂侧平举;
③~④向左转体90°半蹲,右脚点地,同时两臂胸前交叉屈,右臂在前,低头含胸;
⑤右腿后伸成左弓步,同时两臂侧举后振,掌心向前;
⑥收右脚同③~④,两臂前举击掌;
⑦同⑤;
⑧向右转体90°还原成直立。
第二个八拍同第一个八拍,方向相反。
第三、第四个八拍同第一,第二个八拍。

图4-65 扩胸运动一

第五个八拍如图4-66所示:
①~②左脚侧点地,同时两臂侧平举;
③~④向左转体90°成半蹲,右脚尖点地,同时两臂下垂,低头含胸;
⑤右腿后伸成左弓步,同时右臂上举后振,左臂下举后振;
⑥收右脚同③~④,同时左臂上举后振,右臂下举后振;
⑦同⑤;
⑧向右转体90°还原成直立。
第六个八拍同第五个八拍,方向相反。
第七、第八个八拍同第五、第六个八拍。

图4-66 扩胸运动二

(四)踢腿运动
第一个八拍如图4-67所示:
①~②左脚侧点地,同时两臂侧平举;
③~④左脚并于右脚,脚尖点地成半蹲,同时两臂经上交叉绕至体前交叉;
⑤左腿侧踢,同时两臂侧摆;
⑥同③~④;
⑦同⑤;
⑧还原成直立。
第二个八拍同第一个八拍,方向相反。

第三、第四个八拍同第一、第二个八拍。

图 4-67　踢腿运动一

第五个八拍如图 4-68 所示：

①～②左脚后点地，同时两臂上举；

③～④右腿弯曲，左脚前擦点地，同时左臂侧上举，右臂胸前屈，头左转；

⑤左腿后踢，右腿蹬直，同时左臂一位手，右臂三位手；

⑥同③～④；

⑦同⑤；

⑧还原成直立。

第六个八拍同第五个八拍，方向相反。

第七、第八个八拍同第五、第六个八拍。

图 4-68　踢腿运动二

(五)体侧运动

体侧运动如图 4-69 所示。

图 4-69　体侧运动

第一个八拍：

①～②左脚侧点地，同时两臂侧平举；

③～④重心移至左脚，右脚在左脚后侧点地，上体左侧屈，同时左臂下举，右臂上举，头左转，目视前下方。

⑤～⑥两腿弯曲，上体左侧屈，右臂经右向下绕至体前；

⑦～⑧两腿伸直，右臂继续绕至侧举，头右转。

第二个八拍：

①～②左脚侧步向上左顶髋，同时左手插腰，右臂向左摆；
③～④向右顶髋，同时右臂经上绕至侧下举，头右转；
⑤～⑥向左顶髋，同时右臂经下绕至左前举(掌心向下)；
⑦～⑧还原成直立。
第三、第四个八拍同第一、第二个八拍，动作相同，方向相反。

(六)跑跳运动

跑跳运动如图4-70所示。

图4-70 跑跳运动

第一个八拍：
①～④左脚开始向前跑跳步4次，两手体后握。
⑤～⑧跑跳步向左转体360°，同时两臂侧上举。
第四个八拍同第三个八拍，方向相反。

(七)整理运动

整理运动如图4-71所示。

 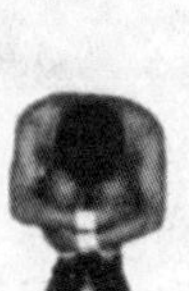  

图4-71 整理运动

①～②两臂侧上举；
③～⑥下蹲抱膝，低头；
⑦同①～②；
⑧还原成直立。
重复二次。

二、节奏操

【预备姿势】直立。
第一个八拍如图4-72所示：
①左脚侧出一步成蹲立，同时两臂胸前屈交叉(基本手型立掌，手背相对)；
②直立，手背相贴；
③屈膝半蹲，同时两臂经上摆至侧平举；
④直立，两臂前举，手指交叉相握；

⑤屈膝半蹲,同时两臂胸前上屈,手指相握;

图 4-72　节奏操一

⑥直立,同时两臂上举手指相握;

⑦屈膝半蹲,同时向左转,左臂肩侧上屈(指尖向下),右臂前上举(掌心向下);

⑧左脚收回还原成直立。

第二个八拍如图 4-73 所示:

①左脚侧出一步成蹲立,同时右臂胸前屈(掌心向内,指尖向上),左臂后摆(基本手型,掌心向内);

②直立,同时身体稍右转,左臂胸前屈,指尖扶右肩,右臂后摆;

③屈膝半蹲,同时左臂侧下举,右臂肩侧上屈,掌心向内;

④直立,同时身体稍右转左臂右前举(撑掌,掌心向内),右臂右前上举(撑掌,掌心向内);

图 4-73　节奏操二

⑤屈膝半蹲,同时两臂胸前屈交叉,右臂在前(握拳,掌心相对);

⑥直立,同时两臂脸前平行屈,右臂在上(掌心向外);

⑦屈膝半蹲,同时两臂拉至肩侧屈(撑掌,指尖相对,掌心向外);

⑧直立,左臂胸前屈(基本手型,掌心向内,指尖向上),右臂下举(基本手型,掌心向内)。

第三个八拍如图 4-74 所示：

①右腿支撑，左腿向右侧吸，同时头向右转，右臂握拳屈肘左上摆(掌心向内)，右臂握拳置于体侧；

②左腿落至开立，同时右臂肩上侧屈，掌心向内，左臂不动；

③左腿支撑，右腿向左侧吸，同时头向左转，两臂握拳肘右上摆(掌心向内)；

④成开立，同时两臂肩侧上屈，掌心相对；

⑤屈膝半蹲，同时抬头，两臂上举撑掌(掌心向前)；

⑥直立，同时低头，两臂胸前屈握拳(掌心向后)；

⑦屈膝半蹲，同时抬头，两臂内旋下伸(撑掌，掌心向后)；

⑧跳成并立，同时两臂摆至胸前屈(拳心向后)。

图 4-74 节奏操三

第四个八拍如图 4-75 所示。

图 4-75 节奏操四

①左脚侧迈一步，同时两臂上举(撑掌，掌心向前)；

②右脚在左脚前交叉，同时两臂前举（撑掌）；

③左脚侧迈一步，同时左臂右前举，右臂肩侧屈，指尖向下，头右侧屈；

④右脚在左脚后交叉，同时右臂前举，左臂肩侧屈，指尖向下，头左侧屈；

⑤～⑦拍左脚侧出一步成开立，同时头由右向后绕环一周；

⑧跳成并立，两臂自然下垂。

第五个八拍如图4-76所示：

图4-76　节奏操五

①～②左脚侧出一步，脚尖点地，同时左臂经前向上大绕环2周至体侧（基本手型）；

③重心移至左腿，身体稍左转，同时前戏右腿，两臂下举；

④右腿向左前方弹踢，手臂不动；

⑤～⑧同①～④，方向相反。

第六个八拍如图4-77所示：

①左脚侧出脚尖点地，同时右臂摆至侧上举，掌心向外，左臂摆至侧下举，拳心向内；

②左脚在右脚旁点地，同时两臂向内摆至胸前平屈，左臂在上（基本手型，掌心向下）；

③～④同①～②，方向相反；

⑤左脚侧出一步展胸，同时两臂打开，左臂摆至侧下举（握拳，拳心向内），右臂经下绕至侧上举（拳心向外）；

⑥向右专转体90°，左脚在右脚旁点地，同时两臂向后绕经下至胸前上屈（拳心向后）；

⑦～⑧左脚向后一步成右腿前弓步，同时两臂侧举后振（基本手型，掌心向前）。

第七个八拍如图4-78所示：

①～②由右脚开始踏步两次，两手握拳，屈肘，前后自然摆臂（拳心向上）；

③右脚向侧点地，同时上体右侧屈，右臂下举，左臂上举右侧伸（基本手型）；

图4-77　节奏操之六

④右脚并于左脚成直立；

⑤～⑧同①～④，方向相反。

图4-78　节奏操七

第八个八拍如图4-79所示：

①前半拍，左脚向侧一步成半蹲，同时两臂旋内下伸（握拳，掌心向后）；后半拍起立，同时重心落至右脚，左脚尖侧点地，左髋向上提，上体向左拧转90°，两臂旋外屈肘（拳心向后）；

②半蹲，同时上体转回，两臂旋内下伸；

③同①的后半拍，方向相反；

④半蹲，同时上体转回，左手握拳置于腰际（拳心向上），右臂旋外屈肘收至肩侧上屈（拳心向内）；

⑤起立，重心落至右腿，左脚侧点地，左髋向上提，同时上体向左扭转90°，左手置于腰际（拳心向上），右臂旋内向前冲拳（拳心向下）；

⑥半蹲,同时上体向右转回,左臂不动,右臂旋外屈肘收至肩侧屈(拳心向内);
⑦同⑤,惟右臂伸直上举,掌心向外;
⑧同②。
第九个八拍同第八个八拍,方向相反。

图 4-79 节奏操八

第十个八拍如图 4-80 所示:

①左腿支撑,右小腿后踢,身体稍右转,同时两手握拳,屈肘后摆;

②右腿伸直,脚尖向右落地,同时上体右转,左腿微屈,向由顶髋,两臂屈肘向右侧摆(撑掌,掌心相对);

③~④同①~②;

⑤~⑧同①~④,方向相反。

第十一个八拍如图 4-81 所示:

①右脚向侧一步,同时右臂经上向后绕至体侧(基本手型),左臂下举;

②左脚向侧一步,同时左臂经前向上绕环一周至体侧(基本手型);

图 4-80 节奏操九

③屈膝半蹲,同时两臂握拳胸前屈(拳心向后);

④两腿伸直成开立,同时两臂体前下举(握拳,拳心向上);

⑤左脚并于右脚成直立,同时两臂上举撑掌,掌心向前,抬头;

⑥~⑦上体前屈,同时两臂直臂经前至下举,指尖触地;

⑧还原成直立。

图 4-81 节奏操十

第十二个八拍如图 4-82 所示:

①~②屈膝并腿两次,同时两臂屈肘置于腰侧,随跳动上下自然摆动(握拳,拳心向上);

③跳成并立,同时两臂伸直旋内绕至侧上举,拳心向下;

④跳成并立,同时两臂旋外收至体侧;

⑤~⑧同①~④。

图 4-82 节奏操十一

第十三个八拍如图 4-83 所示:

①~②屈膝并跳两次, 同时右手叉腰, 左臂屈肘向内绕至体侧上屈 (握拳, 拳心向内);

③跳成左腿屈膝,右腿伸直(脚跟点地)的左后弓步,同时左臂伸肘旋内成侧上举(拳心向外),头稍左倒;

④跳成并立,同时左臂屈肘下摆(拳心向上);

⑤~⑧同①~④,方向相反。

第十四个八拍如图 4-84 所示：

①两脚蹬地跳，同时左腿膝上提，两臂胸前平屈（握拳，拳心向下）；

图 4-83　节奏操十二

②跳成并立，同时两臂下伸至体侧（拳心向内）；

③两脚蹬地跳，同时左腿膝上提，两臂经侧摆至上举（拳心向外）；

④跳成并立，同时两臂经侧摆至下举（拳心向内）；

⑤同①；

图 4-84　节奏操十三

⑥跳成并立，同时左臂旋内上举（拳心向外），右臂下伸至体侧（拳心向内）；

⑦两脚蹬地跳，同时左腿膝上提，同时左臂下摆至侧举（拳心向下）；

⑧跳成并立，同时左臂摆至体侧（拳心向后）。

第十五个八拍同第十四个八拍，方向相反。

第十六个八拍如图 4-85 所示：

①右脚侧出一步，同时两臂屈肘前摆（拳心向后）；

②左脚在右脚旁点踏，同时两臂屈肘后摆两拳置于腰侧（拳心向上）；

③～④同①～②，方向相反；
⑤右脚侧出一步，同时两臂前伸(握拳)；
⑥左膝前抬，同时两臂胸前击掌两次；
⑦～⑧左脚落并于右脚，同时两臂胸前击掌两次。

图 4-85　节奏操十四

第十七个八拍如图 4-86 所示：

①～④右脚侧出一步成右侧弓步，同时左臂经体侧绕至上举侧伸(掌心向下)，右手扶右腿，上体右侧屈，头右转，眼下看；

⑤～⑥重心移至两腿之间成大开立半蹲，上体前屈，低头含胸，同时左臂绕至体前，右臂同①～④动作；

⑦～⑧右脚并于左脚还原成直立。

图 4-86　节奏操十五

第十八个八拍如图 4-87 所示：

①～③左脚侧出一步成开立，同时两臂经体前下摆交叉向外绕至三位手；
④屈膝半蹲，同时上体前屈，两臂自然放松向两腿之间后方摆；
⑤直立，同时两臂经前摆至三位，抬头；
⑥～⑦拍重心移重至左腿，右脚尖点地，同时两两侧举，掌心向上；
⑧右脚并于左脚还原成立。

三、跑跳操

【预备姿势】直立。

第一个八拍如图 4-88 所示：

图 4-87 节奏操十六

①左脚向前跑，右腿后屈，同时左臂摆至胸前屈（握拳，拳心向后）；
②右脚向前跑，左腿后屈，同时右臂摆至胸前屈（握拳，拳心向后）；
③左脚向前跑，左腿后屈，同时左臂内旋向侧上方冲拳（拳心向外）；
④右脚向前跑，左腿后屈，同时右臂内旋向侧上方冲拳（拳心向外）；

图 4-88 跑跳操一

⑤左脚向前跑，右腿后屈，同时两臂头上击掌；
⑥右脚向前跑，左腿后屈，同时两臂肩侧屈（指尖触肩）；
⑦左脚向前跑，右腿后屈，同时两臂前伸交叉，右臂在上（基本手型）；
⑧右脚并于左脚成直立。

第二个八拍如图 4-89 所示：
①跳成开立，臂胸前平屈（基本手型，掌心向下）；
②跳成并立，同时两臂下伸置于体侧；
③跳成开立，同时两臂经侧摆至头上击掌；

④跳成并立,同时两臂经侧还原成下举;
⑤跳成分腿蹲立,同时上体左转,两臂摆至肩侧上屈(握拳,拳心向内),头左转;
⑥中成并立,同时两臂还原成下举;
⑦~⑧同⑤~⑥,方向相反。

图 4-89 跑跳操二

第三个八拍如图 4-90 所示:
①左脚向前跑,右腿后屈,同时左臂屈前摆外旋,右臂屈摆内旋(握拳)
②同①,方向相反;
③同①,向右转 180°;
④左脚蹬地跳,同时右腿前踢,两臂上摆(撑掌,掌心向前);
⑤~⑧同①~④,方向相反。

图 4-90 跑跳操三

第四个八拍如图 4-91 所示:
①~②左脚蹬地,右腿侧摆跳一次,同时左臂肩侧下屈,右臂体前下伸,(撑掌、掌心向后);
③~④同①~②,方向相反;
⑤~⑧同①~④。
第五个八拍如图 4-92 所示:
①左脚向前跑,右腿后屈,同时两臂经胸前屈向侧打开至肩侧屈(握拳,拳心向内);
②右脚向前跑,左腿后屈,同时两臂屈肘内收至胸前(拳心向后);

③同①；

④同②，击掌；

⑤向后跳成左腿屈，右脚跟前点地的后弓步，同时两臂摆至侧上举；

⑥向后跳成右腿屈，左脚跟前点地的后弓步，同时两臂摆至侧上举（掌心向外）；

⑦同⑤，两臂摆至下举（掌心向下）；

⑧跳成并立，同时两臂还原成下举。

图 4-91 跑跳操四

图 4-92 跑跳操五

第六个八拍如图 4-93 所示：

图 4-93 跑跳操六

①前半拍屈膝，同时两臂体前交叉，左臂在上（低头，基本手型）；后半拍跳成开立，同时两臂绕至侧上举；

②同①前半拍；

③~④同①~②；

⑤跳成开立,同时两臂前举,掌心向下;
⑥跳成并立,同时两臂下举;
⑦跳成开立,同时两臂胸前平屈(屈腕,手背相对,指尖向下);
⑧跳成并立,同时两手合掌于胸前。
第七个八拍如图 4-94 所示:
①跳成开立,同时两臂上伸(两手保持合掌);
②跳成并立,同时两臂前平屈合掌;
③~④同②;

图 4-94 跑跳操七

⑤跳成开立,同地合掌推至右侧;
⑥同②;
⑦~⑧同⑤~⑥,方向相反。
第八个八拍如图 4-95 所示:

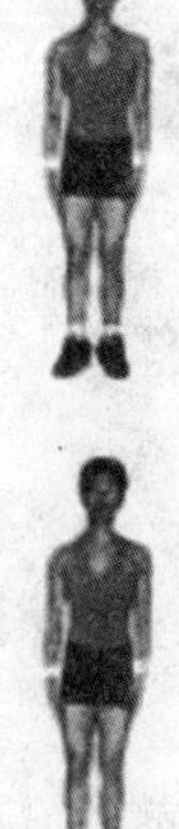

图 4-95 跑跳操八

①跳成左侧弓步,同时两臂经上绕至侧上举(掌心向外,头右转);
②跳成并立,同时两臂经侧成下举;
③~④同①~②,方向相反;
⑤~⑧折屈膝,向左跳转360°,同时左臂前举立掌,右手叉腰。
第九个八拍如图4-96所示:

图4-96 跑跳操九

①左脚向前一步重心下降,同时两臂屈肘后摆,(基本手型,掌心向下);
②向前蹬跳起,同时并腿击掌;
③~④同①~②,换腿做;
⑤跳成左侧弓步,同时左臂胸前平屈,右臂前侧举,头左转(掌心向下);
⑥跳成并立,同时胸前击掌;
⑦~⑧同⑤~⑥,方向相反。
第十个八拍如图4-97所示:

图4-97 跑跳操十

①~②左右交替后踢腿跑,同时左臂向内绕至肩侧屈(握拳,拳心向内);

③～④同①～②，右臂绕至肩侧屈；

⑤左脚侧迈向左转体跑，同时两臂内收至胸前上屈(拳心向后)；

⑥继续向左转体跑，同时两臂向侧摆至肩侧屈(拳心向内)；

⑦同⑤；

⑧向左跳转 90°成并立，同时两臂上举(握拳，拳心相对)。

第十一个八拍如图 4-98 所示：

①右腿跳，同时吸左腿，两臂拉至肩侧屈(握拳，拳心向内)；

②跳成并立，同时两臂上举(握拳，拳心向内)；

③右腿跳，同时左腿向前上方踢起，两臂摆至侧举(握掌，掌心向前)；

④跳成并立，同时两臂摆至上举(握拳，拳心向内)；

⑤～⑧同①～④，换腿做。

图 4-98　跑跳操十一

第十二个八拍如图 4-99 所示：

①～②右脚跳起向左转体 90°，同时左腿前踢，右臂前伸(撑掌，掌心向内)，左臂腰侧屈手背贴于腰；

③～④左脚跳起向左转体 90°，同时右腿前踢，左臂前伸(撑掌，掌心向内)；

⑤～⑧同①～④。

图 4-99　跑跳操十二

第十三个八拍如图 4-100 所示：

图 4-100　跑跳操十三

①跳起成屈膝半蹲，同时两臂胸前屈臂胸前屈臂交叉(握拳，拳心向后)；

②跳起成并立,同时两两胸前平屈(握拳,拳心向下);
③跳起成屈膝半蹲,臂不动而手由拳变撑掌(指尖相对,掌心向内);
④跳起成并立,同时两臂摆至侧举(撑掌,掌心向前);
⑤~⑧同①~④。
第十四个八拍如图 4-101 所示:
①跳起成开立,同时左臂侧上举(基本手型,掌心向外),右侧下举(基本手型,掌心向内);
②跳起成左脚后点地,右脚在前的交叉腿立,同时左臂向右下摆,右臂向左上摆;

图 4-101 跑跳操十四

③跳起成分腿半蹲,同时两臂胸前平屈,右臂在上(基本手型,掌心向下);
④跳起成并立,同时两臂成下举;
⑤~⑧同①~④,方向相反。
第十五个八拍如图 4-102 所示:
①右脚向前跳成弓步,同时两臂上举(撑掌,掌心向前);
②跳起成并立,同时两臂胸前屈交叉,左臂在外(握拳,拳心向后);
③跳成分腿半蹲,同时两臂拉至肩侧屈(拳心向内)头右转。
④跳起成右腿支撑,左腿屈膝,脚掌前点地,同时两臂内收至胸前上屈(拳心向后);
⑤~⑦左右腿交换 3 次(左右左),同时两臂伸直经前上举至前下举(撑掌,掌心相对);
⑧还原成直立。

图 4-102 跑跳操十五

第十六个八拍如图 4-103 所示:
①跳起成开立,同时两臂侧平举(撑掌,掌心向前);

②跳起成并立,同时两臂胸前屈交叉,右臂在前(握拳,拳心向后);
③~④同①~②;

图 4-103　跑跳操十六

⑤右脚向右侧迈一步,同时右臂向前冲拳(拳心向下),左臂保持不变;
⑥同⑤,方向相反;
⑦跳起成分腿半蹲,同时两臂胸前屈交叉,右臂在前(握拳,拳心向后);
⑧跳起成并立,同时两臂还原成下举。
第十七个八拍如图 4-104 所示:
①并腿跳一次,同时两臂体前击掌;
②跳起成开立,同时两臂摆至侧举(撑掌,掌心向前);
④同①~②;
⑤~⑧左跑四步转体 360°,同时两臂置于体侧。

图 4-104　跑跳操十七

第十八个八拍如图 4-105 所示：
①左脚原地跑，右腿后屈，同时两臂体前交叉（撑掌，掌心向后）；
②右脚原地跑，左腿后屈，同时两臂旋外摆至侧下举（掌心向前）；
③左脚原地跑，右腿后屈，同时两臂肩侧屈，屈腕指尖向下；
④右脚原地跑，左腿后屈，同时两臂侧上举（撑掌，掌心向前）；
⑤～⑧同①～④，第八拍成并立。

图 4-105 跑跳操十八

第十九个八拍如图 4-106 所示：
①向左跳转成左前弓步，同时左臂前上举，右臂前举（撑掌，掌心相对）；
②向右跳转成并立，同时两手握拳置于髋侧（拳心向上）；
③向右跳转成右前弓步，同时右臂前上举，左臂前下（撑掌，掌心相对）；
④向左跳转成并立，同时两臂摆至体侧；
⑤跳起成分腿半蹲，同时左臂上举，右臂体前下举（基本手型，掌心向内）；
⑥跳起成并立，同时右臂上举，左臂下举（掌心向内）；
⑦跳起成分腿半蹲，同时左臂侧举，右臂胸前平屈（掌心向下）头左转；
⑧跳起成并立，同时左臂上举（掌心向内）右臂侧举（掌心向下）。

图 4-106 跑跳操十九

第二十个八拍如图 4-107 所示：
①～②右脚跳起，左腿侧摆，同时左臂侧举（基本手型，掌心向下）；
③～④左脚跳起，右腿侧摆，右臂至侧举；

⑤~⑦左右脚原地走3步,同时两臂弯曲,前后自然摆动(握拳,拳心向上);
⑧还原成直立。

图4-107 跑跳操二十

第二十一个八拍如图4-108所示:
①跳起成开立,同时两臂前举(基本手型,掌心向下);
②跳起成并立,同时两臂还原;
③跳起成开立,同时两臂侧举(掌心向下);
④同②;
⑤~⑧同①~④。

图4-108 跑跳操二十一

第二十二个八拍如图4-109所示:

图4-109 跑跳操二十二

①~④原地踏步,同时两臂弯曲前后自然摆动(握拳,拳心向上);
⑤左脚侧点地成右侧弓步,同时两臂侧下举(基本手型,掌心向内);

⑥左脚并于右脚，同时两臂上举击掌；

⑦～⑧同⑤～⑥，方向相反。

第二十三个八拍如图 4-110 所示：

①～⑥两腿自然弯曲轻轻跳起，同时两手叉腰；

⑦～⑧还原成直立。

图 4-110 跑跳操二十三

四、华尔兹

华尔兹起源于德国奥地利民间，基本的舞步是旋转，有舞中之王的美称。华尔兹优美华贵，其特点是波浪起伏、流畅。

正确舞姿：身体自然直立，两脚正步并拢，男、女舞伴间隔一拳左右，女伴站立男伴稍右侧。男、女舞伴相握的舞姿是：男伴手臂稍弯曲，高度以女伴耳朵为准，右手掌轻托女伴左肩胛骨下；女伴左手轻放男伴右大臂三头肌上。

（一）基础动作

1．前进基本步

①男伴左脚前进一步，右脚慢慢跟上；女伴右脚后退一步，左脚慢慢收回。

②男伴右脚前进一步；女伴左脚后退一步。

③男伴左脚前进半步；女伴右脚后退半步。

2．后退基本步

①男伴左脚后退一步，右脚慢慢收回；女伴右脚前进一步，左脚慢慢跟上。

②男伴左脚后退一步；女伴右脚前进一步。

③男伴左脚后退一步；女伴右脚前进半步。

3．横并步

①男伴左脚后退一步；右脚慢慢收回；女伴右脚前进一步，左脚慢慢跟上。

②男伴右脚向右旁横迈一步；女伴左脚向左旁横迈一步。

③男伴左脚向右迈一步，两脚并拢；女伴右脚向左迈一步，两脚并拢。

4．交叉步进、退（此动作前加个横并步）

第一个三拍：

①男伴身体向 8 点，右脚向 8 点迈一步，右肩和女半右肩相对；女伴身体向 4 点，左脚向 8 点退一步。

②男伴左脚向 8 点迈一步；女伴右脚向 8 点退一步。

③男伴左脚掌向右展转，身体向 2 点，右脚经左脚位向 2 点迈一步，左肩和女伴右肩相对；女伴右脚掌向右辗转，身体向 6 点，左脚经右脚位向 2 点退一步。

第二个三拍：

①男伴左脚向2点迈一步；女伴右脚向2点退一步。

②男伴右脚向2点迈一步；女伴左脚向2点退一步。

③男伴右脚掌向左辗转，身体向8点，左脚经右脚位向8迈一步，左肩和女伴右肩和女伴右肩相对；女伴左脚掌向左辗转，身体向4点，右脚经左脚位向8点退一步。

第三个三拍动作同第一个三拍。

第四个三拍：

①男伴左脚向2点迈一步，左肩和女伴左肩相对；女伴右脚向2点退一步。

②男伴右脚向2点迈一步；女伴右脚向2点退一步。

③男伴左脚向6点退半步，左肩和女伴左肩相对；女伴右脚向6点进半步。

第五个三拍：

①男伴右脚向6点退一步，左肩和女伴左肩相对；女伴左脚向6点迈一步。

②男伴左脚向6点退一步；女伴右脚向6点迈一步。

③男伴左脚掌向左辗转，身体向8点，右脚经左脚位向4点退一步，右肩和女伴右肩相对；女伴右脚掌向左辗转，身体向4点，左脚经右脚位向4点迈一步。

第六个三拍：

①男伴左脚向4点退一步，右肩和女伴右肩相对；女伴右脚向4点迈一步。

②男伴右脚向4点退一步；女伴左脚向4点迈一步。

③男伴右脚掌向右辗转，身体向2点，左脚经右脚位向6点退一步，左肩和女伴左肩相对；女伴左脚掌向右辗转，身体向6点，右脚经左脚位向6点迈一步。

第七个三拍动作同第五个三拍。

第八个三拍：

①男伴左脚向4点退一步，右肩和女伴右肩相对；女伴右脚向4点迈一步。

②男伴右脚4点退一步；女伴左脚向4点迈一步。

③男伴左脚向8点迈半步，右肩和女伴右肩相对；女伴右脚向8点退半步。

第九个三拍：

①男伴右脚向8点迈一步；女伴左脚向8点退一步。

②男伴左脚向左旁横迈一步；女伴右脚向右旁横迈一步。

③男伴右脚向左脚旁迈一步；两脚并拢；女伴左脚向右脚旁迈一步，两脚并拢。

5. 巡回步(次动作前加两个横并步)

第一个三拍：

①男伴身体向8点，右脚向8点迈一步；女伴身体向4点，左脚向8点推一步。

②男伴左脚向8点迈一步；女伴右脚向8点退一步。

③男伴右脚原地踏一步；女伴左脚原地踏一步。

第二个三拍：

①男伴身体向8点，左脚向4点退一步；女伴身体向4点，右脚向4点迈一步。

②男伴右脚向4点退一步，同时右手拨女伴左肩胛骨，右胯和女伴左胯并拢，身体向8点；女伴左脚向4点迈一步，同时身体向右旋转180°，左胯和男伴右胯并拢，身体向8点。

③男伴左脚原地踏一步；女伴右脚原地踏一步。

第三个三拍：

①男伴身体向 8 点,右脚向 8 点迈一步;女伴身体向 8 点,左脚向 8 点迈一步。

②男伴左脚向 8 点迈一步,同时右手指轻朝里推女伴左肩胛骨,女伴右脚向 8 点迈一步,同时向左旋转 180°,身体向 4 点。

③男伴右脚原地踏一步;女伴左脚原地踏一步止步 180°旋转。

第一个三拍:

①男伴左脚向右斜前方上一步;女伴右脚向左斜前方退一步。

②男伴右脚在后不动;女伴左脚在后不动。

③男伴左脚退回原位;女伴右脚退回原位。

第二个三拍:

①男伴左脚向左斜前方上一步;女伴左脚向右斜后方退一步。

②男伴左脚在后不动;女伴右脚在前不动。

③男伴右脚退回原位;女伴左脚退回原位。

第三个三拍:

①男伴左脚向正前方,女方两脚中间上一步,上身向左拧;女伴右脚向正后方退一步,上身向左拧。

②男伴右脚上步同时左旋转 180°;女伴左脚退步同时左旋转 180°。

③男伴左脚退步右脚旁;女伴右脚上步左脚旁。

6. 单提手转

第一个三拍:

男伴左脚前进基本步;女伴右脚后退基本步。

第二个三拍:

男伴右脚后退基本步;女伴左脚前进基本步。

第三个三拍:

①男伴左脚原地踏一步,右手推动女伴左肩胛骨;女伴右脚向右斜方迈一步,左手离开男伴右大臂三头肌,提裙式。

②男伴右脚原地踏一步,左手提女伴右手在头上方;女伴右脚向前迈步,在右手下方穿过,左手提裙式。

③男伴左脚原地踏一步,左手提女伴右手在头上方;女伴右脚向前迈步,左手提裙式。

第四个三拍:

男伴两脚在原地右脚起,一拍一步,共踏地三步,左手提女伴右手在头上方女伴左脚起上 3 步,按顺时针方向走一圆圈。

第五个三拍:

男伴两脚在原地左脚起,一拍一步,共踏地 3 步,左手提女伴右手在头上方。女伴右脚起上 3 步,按顺时针方向走一圆圈和男伴相对,靠近。

第六个三拍:

①男伴右脚向后退一步,和女伴相握式舞姿;女伴左脚向前迈一步。

②男伴左脚向左旁横迈一步;女伴右脚向右旁横迈一步。

③男伴右脚向左旁迈一步,两脚并拢;女伴左脚向右旁迈一步,两脚并拢。

7. 右 180°旋转

第一个三拍:

①男伴左脚退一步;女伴右脚迈一步。

②男伴右脚向右旁横迈一步;女伴左脚向左旁横迈一步。

③男伴左脚向右脚旁迈一步,两脚并拢;女伴右脚向左脚旁迈一步,两脚并拢。

第二个三拍:

①男伴右脚前进一步,在女伴两脚中间,上身向右拧;女伴左脚后退一步,上身向右拧。

②男伴左脚上一步,同时右旋转180°;女伴右脚退一步,同时右旋转180°。

③男伴右脚退一步左脚旁;女伴左脚上一步右脚旁。

第三个三拍:

①男伴左脚后退一步,上身向右拧;女伴右脚前进一步,在男伴两脚中间,上身向右拧。

②男伴右脚退一步,同时右旋转180°;女伴左脚上一步,同时右旋转180°。

③男伴左脚上一步右脚旁;女伴右脚退一步左脚旁。

(二)舞蹈组合

第1小节:做“横并步”。

第2、3小节:做“前进基本步”。

第4小节:做“横并步”,但第1拍,男伴右脚前进步,女伴左脚退步。第2拍,男女伴横步。第3拍,男女伴两脚并拢。

第5、6小节:做“后退基本步”。

第7小节:做“横并步”。但第1拍,男伴左脚退步,女伴右脚进步。第2拍,男伴身体转向左斜前方,女伴身体也转向左斜前方,男伴右脚向右旁迈半步 ,女伴左脚向左旁迈一步,男伴和女伴右肩相对。第3拍,男伴女伴两脚并拢。

第8~16小节:做“交叉步”,进退。

第17~22小节:做两次“止步180°旋转”。

第23小节:做第7小节的横并步。

第24~26小节:做“巡回步”。

第27小节:做“横并步”,但第1拍,男伴左脚向正后方退一步,女伴右脚向正前方进一步。第2拍,男伴右脚向正旁横迈一步,女伴左脚向正旁横迈一步。第3拍,男伴女伴两脚并拢。

第28小节:做“横并步”,但第1拍,男伴右脚退步,女伴左脚进步。第2拍,男女伴横步。第3拍,男女伴两脚并拢。

第29~34小节:做“提手转”。

第35~40小节:做“右180°旋转”。

第41小节:做“横并步”。

第六节　身体各部位肌肉练习

一、发展肩部肌肉(三角肌)的练习方法

1.直臂前平举

两脚开立,身体保持直立,手背向前,握杠铃或哑铃,握距10cm或与肩同宽,两臂自然伸直于体前,然后向上经体前举起至前平举位置,再用力控制复位。

【注意事项】在做整个动作的过程中,臂始终要伸直,不得借臂摆动助力完成练习。

2. 哑铃直臂交替举

两脚开立,身体保持直立,虎口相对,正握哑铃或其他易握器械,两臂伸直从体侧开始,主要用三角肌的力量将两臂交替上举至肩平,再用力控制复位。

3. 直臂扩胸

两脚开立,身体保持直立,两手(虎口向上)直臂握哑铃于侧平举位置,然后向前扩胸至侧平举,稍停,再还原成开始姿势。此练习除发达三角肌外还可以发展胸大肌。

【注意事项】动作始终要两臂伸直,用力集中于三角肌上,身体不得前后摆动。

二、发展胸部肌肉(胸大肌)的练习方法

1. 仰卧推举

仰卧在长凳上,双手握杠铃置于胸部上方锁骨部位,用胸大肌的收缩力量将杠铃向上推起至两臂伸直,稍停后,缓慢地复位。此练习是锻炼胸肌的有效方法之一。

【注意事项】练习过程中挺胸、沉肩,不得含胸、耸肩,避免拱腰助力;主要用胸大肌的收缩力量将杠铃向上推起,肱三头肌收缩力作为补充力量。

2. 俯卧撑

俯卧支撑于地面,双手距以肩宽为佳,身体挺直,肩关节稍前倾,臀部略隆起;两肘向后,身体下降至最低位置时,胸大肌充分伸长。向上撑起时以胸大肌的收缩力量使臂伸直,两肩和身体应向前弧线上升,使胸部向前挺出。

【注意事项】屈臂支撑时,尽量下沉,充分拉长胸肌;向上撑起时,不得提臀、沉腹、塌腰和耸肩。

3. 仰卧臂上拉

仰卧在长凳上,两脚平踏地面,两臂伸直,两手间距与肩同宽,正摆杠铃置大腿上。收紧胸大肌,直臂将杠铃由腿部向上,向后拉至头后的最低点,使胸大肌尽力伸展。稍停,收缩胸大肌,直臂将杠铃循原路线拉起,并回至开始姿势。稍停,再重做。

【注意事项】两臂尽量不要弯曲,回落动作要慢;两手握杠不得过紧,以免小臂肌肉过于紧张,影响胸肌训练效果;上拉和前拉均应由胸大肌收缩的力量来控制动作的完成。

4. 俯立飞鸟

两脚开立,挺胸塌腰,体前屈与地面平行,双手各持相同重量的哑铃,两臂由胸前伸直开始,缓慢地向两侧展开,回落时动作更要缓慢。

【注意事项】上体保持稳定,不得起伏,不得含胸;两膝可弯曲,回落时要用力挤压胸肌。

三、发展腰部肌肉的练习方法

1. 站姿俯身挺起

两脚开立比肩稍宽,两手握哑铃于颈后上,挺胸塌腰,上体向前慢慢弯下至背部与地面平行,臀部后移,腰背肌用力。挺身直立复位。

【注意事项】练习过程中,腰背必须始终挺直,不准松腰、含胸、弓背,上体前屈要缓慢。

2. 直腿硬拉

两脚开立与肩同宽,两手握住杠铃横杠,直臂下垂于体前,挺胸,收腹,紧腰,用腰背肌群的力量使身体慢慢地向前弯曲至杠铃片靠近地面。稍停,用腰背肌的力量挺身复位。

【注意事项】练习过程中始终保持挺胸塌腰姿势,不准松腰弓背。向前屈体速度要缓慢。

身体直立时两肩向后展开，挺胸、两臂握杠自然下垂。

3．负重转体

两脚开立，两手持杠铃或其他重物置于颈后肩上，上体向一侧转体90°，头部保持正前方位置不动；稍后复位，再向另一侧转体90°，两侧交替练习。此练习法除腰背肌群外，腹外斜肌也得到锻炼。

【注意事项】练习时，上体保持挺胸塌腰姿势，两脚和头部不得跟着转动，转动节奏要明显。

四、发展腹部肌肉的练习方法

1．仰卧起坐

练习者直体仰卧，另一人扶住练习者的两脚。可采用屈腿或直腿进行，用腹肌的力量使上体向前折体，向后复位动作要缓慢。

【注意事项】此练习最好是两个人一组轮流进行。如一人练习，可用带子将踝关节固定。组数和次数因人而异。

2．转体仰卧起坐

仰卧在长凳上或脚高头低的斜板上，两手抱于头后，两腿伸直，踝关节用带子固定在凳子或斜板上。向上抬起上体的同时，以腹外斜肌的力量使上体向一侧转体90°，稍停后缓慢地复位，交替进行练习。

3．收腹举腿

身体仰卧在长凳上，双手扶住头顶处凳端，用腹肌的力量使双腿向上抬起，尽量靠近头部，然后缓慢复位。

【注意事项】收腹举腿和复位过程均要缓慢进行，用力要集中在腹肌上。

4．体侧屈

两脚开立，右手持哑铃向右侧弯曲，至最大幅度，使左侧腹外肌充分伸展，用左侧腹外斜肌的力量使上体向左侧弯曲，稍停后缓慢复位。

【注意事项】用杠铃练习时，两手要扶住铃片，防止铃片脱落，要挺胸塌腰，上体不得前屈，腿和髋关节不得左右转动。

五、发展上肢肌肉的练习方法

1．站立弯举

两脚开立，上体稍后侧，两手反握杠铃，握距不得超过肩宽，两臂伸直于体前开始，以肘关节为圆心，小臂向内收。动作还原时要用力控制，缓慢地复位。

【注意事项】手握器械不要过紧，以免影响被刺激肌肉的受力程度；肘关节、肩关节和身体均不得移动位置，不得借助腰臂的力量；复位过程要用力控制，并要使两臂充分伸直。

2．俯立弯举

两脚开立，体前屈，双手反握杠铃垂于体前，握距不超过肩宽，以肘关节为轴，小臂向上做弯举动作，上臂和身体均不得移动位置。用杠铃、哑铃或手铃均可进行练习，双手同时练习，也可两手交替练习。

【注意事项】体前屈时，要挺胸、塌腰，肘关节不移位，上臂不前摆，复位速度要慢。

3．俯卧弯举

身体俯卧在长凳上，头部在外，上体稍提起，双手反握杠铃，握距不超过肩宽；两臂于胸前伸直开始,上臂固定于凳端,主要用肱二头肌的力量,带动前臂向上做弯举动作至横杠靠近面部,稍停即控制复位。

4. 前平举拉力

两脚开立,双手反握(手心向上)拉力器或橡皮筋的把柄。由两臂前举开始,集中用肱二头肌的力量带动前臂做弯曲动作,直至把拉力柄靠近面部,稍停再控制复位。此练习方法对发展肱二头肌的长头肌效果较好,如采用宽握姿势练习,则对发展短头肌效果较好。

【注意事项】练习过程中握柄不要过紧,肘关节不得向上或下移动;应始终保持不动位置,上体不可后,以免降低肱二头肌的受力程度。复位时动作应缓慢。

5. 颈后弯举

两脚开立,身体保持正常状态,双手正(反)握杠铃于颈后,握距不超过肩宽,两上臂靠近身部,肘关节始终朝上并保持部位不变。主要用肱三头肌的力量使两臂在头后向上做屈伸动作,即用肱三头肌的力量带动前臂将杠铃举起至臂部伸直,然后复位。

【注意事项】肘关节不要外展,并应始终指向上面。勿借蹬腿和腰背前振助力完成。

6. 推举

两脚开立,双手正(反)握横杠将杠铃提举至肩前,屈臂,然后两臂伸直将杠铃向斜前上方推出,稍停即将杠铃推起复位。

【注意事项】握距不得超过肩宽,肘关节不要外展,始终要保持臂部弯曲角度,以使肱三头肌处于紧张状态;上举杠铃过程中腰臂不得助力。

7. 卷棒

两脚开立或坐在凳上,两手正握短棒的两端,短棒中间系绳,绳下悬一重物,握距约为肩宽,臂部保持前平举姿势,两手交替向外做卷棒动作至绳端处,稍停,即可依次向里控制复位。

【注意事项】练习过程中,速度不宜过快;复位时要向里卷棒进行,不得放松使重物滑下。

8. 前臂绕环

两脚开立,两手各持哑铃,从上臂与前臂约呈 90°状时开始。以肘关节为轴缓慢而匀速地交替做向内或向外旋前臂运动。做 5 ~ 6 组,每组做 12 ~ 15 次。此练习除发展前臂肌肉群外,肱二头肌也得到锻炼。

【注意事项】练习过程上臂贴紧身体,身体不要助力。

9. 抓提重物

两脚开立,俯身用手指抓住铃片中心孔的外沿或其他重物,用前臂群的收缩力量屈臂向上提起,稍停后静止不动,持续 0.5 ~ 1 分钟后缓慢复位。

【注意事项】练习过程中上臂和肘关节不得移动位置;注意安全,防止铃片或重物砸伤脚部。

六、发展下肢肌肉的练习方法

1. 前深蹲

两脚开立与肩同宽,两手等距握杠铃,挺胸塌腰,腰背部肌群要始终收紧,将杠铃置于胸前锁骨和两肩上,用整个身体支持重量。两肘高抬并向前方,只起扶持作用,然后缓慢地做屈膝下蹲动作至全蹲姿势,稍停后再复位。此练习是发展股四头肌和增大胸廓的有效方法。

【注意事项】在动作的始终,腰背肌群不得放松,不得突然下蹲。下蹲过程中肩背应有意稍向上挺。

2．后深蹲

两脚开立与肩同宽，两手等距握杠铃，挺胸塌腰，腰背部肌群始终收紧，将杠铃置下肩颈部，由整个身体支持重量。然后缓慢地做下蹲动作至全蹲姿势，稍停复位。为防止出现弓腰、提臀的错误，做提蹲练习可在脚跟下垫铃片。

【注意事项】腰背肌群在动作的始终不得放松，复位过程腰臀部要有向前的意识。

3．单腿蹲起

练习者立于肋木旁约0.5m，由外侧脚支持身体，另一腿抬高伸直与躯干呈直角，同侧手扶肋木，然后做连续蹲起的动作。如加大训练强度，可负重进行。

【注意事项】手扶肋木，不要助力。

4．各种跳跃

连续单足跳、纵跳、“山羊”连续跳、蹲跳、蛙跳、跳台阶等练习，均可发达股四头肌，同时小腿肌肉也可得到锻炼。

5．拉力器(橡皮筋或沙袋)的练习

身体俯卧在长凳上，两腿并拢伸直，将拉力器、橡皮筋的一端套在踝关节处绑上沙袋，用股二头肌的力量，使小腿向上收起至最大限度。稍停后再缓慢复位，亦可两腿交替练习。

【注意事项】每次动作都必须从两腿伸直状开始，动作始终是大腿与地面保持平行，不得向前移动位置。

6．双人练习法

练习者俯卧在垫子上，两腿并拢伸直，另一个人仰卧或半仰卧在练习者的脚下，两腿分开置于练习者的两侧，两手握住练习者的踝关节。练习者用股二头肌的力量使小腿向上收起至最大限度，同时带动另一个人呈体前屈姿势。稍停后，另一人缓慢用力使小腿向后下方伸直复位。

【注意事项】根据练习者的力量情况，另一人可酌情用力，以利于对抗配合练习。

7．站立单腿弯曲

练习者立于肋木旁0.5m，右腿支持身体，站在至少15cm厚的垫木上，左手扶肋木，左腿踝关节或小腿处绑上重物下垂，悬空于右腿旁，用左腿股二头肌的收缩力量而使小腿负重向后上方弯起至最大限度，稍停后缓慢复位。两腿交替进行。

【注意事项】上体保持正直，手扶肋木，不要助力，动作要缓慢。

8．负重提踵

两脚开立或并立，两前脚掌站立在10cm厚的垫木上；两手持杠铃或其他重物于颈后肩上，用小腿三头肌的收缩力量，使脚跟提起至最高位置；稍停，缓慢下落复位，使脚跟处于最低位置，而使小腿三头肌充分伸直。

【注意事项】动作自始至终膝关节不得弯曲，上体要挺胸塌腰，动作缓慢进行。

参考文献

1 赵景卓主编.公关礼仪.北京:中国财政经济出版社,1998
2 杨静主编.形体与健美.北京:中国纺织出版社,2001
3 杨佑青主编.公共关系务实与礼仪.北京:中国对外经济贸易出版社,2003
4 李选友主编.交际礼仪.北京:中国劳动出版社,1994
5 杨军.陶梨主编.旅游公关礼仪.昆明:云南大学出版社,1999
6 贾俊芳编.公关与礼仪.北京:中国铁道出版社,2001
7 顾锴主编.公共关系学教程.北京:人民交通出版社
8 只海平主编.尹登海副主编.现代礼仪基础.北京:机械工业出版社
9 欧阳周.陶琪编著.实用公共关系学.长沙:中南大学出版社
10 斌著.形体训练纲论.北京:北京体育大学出版社
11 形体训练.第2版.北京:中国劳动社会保障出版社